공자가 AI 시대를 산다면

지은이 김준태

성균관대학교에서 한국철학 전공으로 박사 학위를 받았고, 한국철학문화연구소 책임연구원을 거쳐 현재 같은 대학교 유학동양학과 초빙교수로 있다. 《이코노미스트》와 《경기일보》의 필진으로 활동했으며, 《동아비즈니스리뷰DBR》에 칼럼을 연재 중이다. KMOOC, 현대경제연구원 CreativeTV, 전통문화연구회 사이버서원 등 온라인 강의 플랫폼에서도 강의하고 있다. 저서로 《왕의 경영》 《탁월한 조정자들》 《다시는 신을 부르지 마옵소서》 《마흔, 역사와 만날 시간》 《왕의 공부》 《조선의 위기 대응 노트》 《조선의 부자들》 《왕이 절박하게 묻고 신하가 목숨 걸고 답하다》 등이 있다.

공자가 AI 시대를 산다면
ⓒ 김준태, 2025

초판 1쇄 발행 2025년 4월 30일
초판 3쇄 발행 2025년 8월 14일

지은이 김준태
펴낸이 유강문
인문사회팀 최진우 김효진
마케팅 김한성 조재성 박신영 김애린 오민정

펴낸곳 (주)한겨레엔 www.hanibook.co.kr
등록 2006년 1월 4일 제313-2006-00003호
주소 서울시 마포구 창전로 70(신수동) 화수목빌딩 5층
전화 02-6383-1602~3
팩스 02-6383-1610
대표메일 book@hanien.co.kr

ISBN 979-11-7213-245-3 03140

- 책값은 뒤표지에 있습니다.
- 파본은 구입하신 서점에서 바꾸어 드립니다.
- 이 책의 일부 또는 전부를 재사용하려면 반드시 저작권자와 (주)한겨레엔 양측의 동의를 얻어야 합니다.

2500년을 초월하는 논어 속 빛나는 가르침

김준태 지음

공자가 AI 시대를 산다면

=== 프롤로그 ===

'오래된 미래'
《논어》

 《논어》의 주인공 공자(B.C.551~B.C.479)는 2500년 전 중국 춘추시대春秋時代를 살아간 인물입니다. 철기 문명이 갓 시작한 때였습니다. 여기서 의아한 분이 계실 겁니다. 아무리 공자가 세계 4대 성인聖人으로 추앙받고 《논어》에 좋은 가르침이 많이 실려 있다고 해도, 그때와는 전혀 다른 세상에 적용할 수 있느냐는 것입니다. 공자의 가르침과 그가 강조한 가치들이, 4차 산업혁명이 일어나고 AI가 등장했으며 '포스트휴먼Posthuman' 이 논의되는 오늘날에도 여전히 유효한지 궁금한 거죠.
 이 질문에 답하려면 우선 시대 상황을 살펴볼 필요가 있습니다. 공자가 살던 시대,《논어》의 배경이 된 시대는 지금 못지않은 문명의 전환기였습니다. 철이라는 신소재가 등장하면서 세상의 패러다임이 바뀌었거든요. 철제 농기구를 사용하면서 생산력도 비약적으로 향상되었습니다. 문제는 정신이 이를 따라가지 못했다는 것입니다. 각 나라의 지배층은 부와 이익, 영토라는 철기 사용의 결과물에만 매혹되었을 뿐, 문명의 전환을 아우르는 새로운 비전을 제시하지 못했습니다.

이처럼 새 시대에 어울리는 가치관을 확립하지 못한 상태에서 부국강병을 강조하고 물질적인 이익을 우선하다 보니 사회는 혼란에 빠져들었습니다. 유교에서는 요임금과 순임금, 하나라의 건국자 우왕, 상나라의 시조 탕왕, 주나라가 천하를 통일하도록 이끈 문왕과 무왕을 위대한 도덕 군주, 즉 '성군聖君'으로 숭배합니다. 이들이 다스렸던 '덕치德治의 시대'가 춘추시대에 접어들며 끝나 버린 겁니다. 백성이 존중받으며 편안하게 각자의 삶을 영위할 수 있던 나날을 더는 만날 수 없게 되었습니다.

춘추시대를 이끌어 간 리더들이 영토를 넓히고 국가의 부를 늘리는 데 혈안이었다는 것, 이 자체가 나쁜 건 아닙니다. 다만 그 과정에서 수단과 방법을 가리지 않았다는 점이 문제였습니다. 원칙과는 점점 멀어졌고, 사람으로서 지켜야 할 도리나 지도자로서 마땅히 이행해야 할 책임에 눈을 감았습니다. 예를 들어 볼까요? 관중과 포숙아의 보좌를 받아 천하를 호령했던 제나라 환공은 자식들이 권력투쟁을 벌이는 사이 연금당해 굶어 죽었습니다. 진나라 문공은 친아버지와 동생에게 연이어 살해 위협을 받으며 19년이나 천하를 떠돌아야 했습니다. '와신상담臥薪嘗膽'이라는 유명한 고사성어를 남긴 오나라 왕 부차와 월나라 왕 구천은 복수에 집착하다가 망국의 길을 걸었고, 송나라 양공은 위선을 내세우며 백성을 전쟁의 참화에 밀어 넣었습니다. 신하가 임금을 죽게 만들고, 아버지가 아들을 죽이려 들었으며, 임금이 사적인 감정으로 나라를 위기에 내몬 것입니다. 춘추시대에서 상대적으로 뛰어난 군주로 꼽히는 이들조차 이 모양이었으니, 다른 군주들은 더 볼 필요도 없을 것입니다. 그러니 백성의 삶이 얼마나 고됐겠습니까? 윤리가 땅에 떨어지고 사회는 혼란의 연속이었습니다. 개인의 안전이 보장받기는커녕 툭하면 원치 않는 전쟁터로 끌려가 목숨을 잃어야 했습니다. 백성은 한없이 고되고 무력할 뿐이었습니다.

　공자의 고민은 여기에서 출발합니다. 도덕적 가치관이 전복된 시대, 무한 경쟁이 강요되는 시대, 과정이나 동기가 아니라 오직 결과만이 평가받는 시대, 평화로운 일상이 위협받던 시대를 안타까워한 그는 평생을 바쳐 세상과 사람들을 구제하고자 노력했습니다. 구제라 해서 무슨 거창한 게 아닙니다. 공자가 지키고 회복하고자 했던 것은 다름 아닌 '사람됨'이었습니다. 그는 무엇이 사람다운 것이고, 무엇이 사람다운 삶인가를 물었습니다. 어떻게 사는 것이 올바른지를 숙고하게 했습니다. 그리하여 한 사람 한 사람이 자신의 존엄성을 지키라고, 삶을 살아가는 이유를 간직하라고, 나를 둘러싸고 있는 소중한 관계를 잃어버리지 말라고 당부하고 또 당부했습니다.《논어》는 바로 그 절박한 기록입니다.

자, 공자의 시대와 비교할 때 오늘날은 어떻습니까? 우리는 AI Artificial Intelligence(인공지능)가 이끄는 혁명의 한가운데 서 있습니다. 청동기의 인간에게 철기가 던진 충격이 큰지, 21세기의 인간에게 AI가 던진 충격이 큰지는 따질 필요가 없습니다. 둘 다 인간이 경험해 본 적 없는 변화를 마주했다는 점에서 마찬가지니까요.

AI는 이제 인간의 인식능력까지 대체하려 들고 있습니다. AI가 소설가처럼 문학 작품을 쓰고 화가처럼 그림을 그립니다. 조만간 'AI 판사'가 등장해서 죄의 유무를 판단해 줄지도 모릅니다. 이 변화는 춘추시대와 달리 인간에게 행복한 변화일 수 있습니다. 과학 기술 발전의 성과를 누리면서, 어쩌면 인간은 노동으로부터 해방될 수도 있을 테니까요. 그러나 인간이 '필요하지 않다'는 것은 실로 중대한 상황입니다. 만약 AI가 인간을 노동으로부터 '해방'시키는 게 아니라 '배제'한다면, 생산에서 소외된 인간이 자신의 가치를 확인할 수 있을까요? 아무리 국가에서 기본 소득을 보장해 주고 의식주를 책임져 준다고 해도, 직업을 잃은 인간이 과연 삶의 의미를 발견할 수 있을까요? 지금 우리는 인간이 무력해지고 심지어 무용해질지도 모르는 길목에 서 있습니다.

그렇다고 기술의 발전을 되돌릴 수도 없죠. AI 시대가 피할 수 없는 흐름인 이상, AI를 인류의 윤리관에 부합하게 만들어야 합니다. 어디 그뿐입니까? 메타버스의 아바타에게 인격권이 있는가, 가상 공간의 나와 현실의 나는 얼마나 일체화할 수 있는가에 대한 성찰 또한 필요해졌습니다. 곧 도래할 '포스트 휴먼 세계'는 아예 인간에 대한 정의까지 바꿔 놓을지도 모릅니다. '인간이란 무엇인가'를 물어야 하고, 인간이 어떻게 존재 가치를 찾아야 할지를 논의해야 할 때인 겁니다. 무엇이 사람다움인가, 어떻게 사람다움을 가꿔 갈 것인가를 묻는 공자의 질문이 지금도 유효한 이유입니다. 물론 그에 대한 우리의 대답이 공자와 같을 필요는 없습니다. 다만 이 문제를 치열하게 고민하고 답을 찾고자 노력한 공자의 여정을 곱씹어 볼 필요는 충분하죠. 그런 의미에서 《논어》는 지금의 우리에게 훌륭한 기출 문제집이자 '오래된 미래'가 될 수 있습니다.

공자가 마음의 중심을 잡아야 한다고 거듭 강조하는 점도 주목해야 합니다. 오늘날 사회 변화의 속도는 너무나 빨라졌고, 불확실성은 갈수록 짙어지고 있습니다. 얼마 전까지만 해도 당연하게 통용되었던 우리의 생활 방식이 코로나19 팬데믹을 거치면서 순식간에 '올드 노멀'이 되어 버렸습니다. 이제 변화를 앞서 예측하고 대응하는 일은 사실상 불가능해졌습니다. 상상하지 못한 미래가 언제든 펼쳐질 수 있다는 점을 전제하고, 어떠한 상황에서도 중심을 잃지 않고 나아갈 수 있는 마음의 역량을 키워야 합니다. 올바르게 상황을 인식하고 판단하는 힘이 중요해졌습니다. 감정에 휘둘리지 않고 주관과 편견을 배제한 채, 창의적이면서도 신속하고 냉정하게 대처하는 힘이 절실해졌습니다. 물론 이 모두를 갖추기란 쉽지 않습니다. 한 가지만 제대로 하기도 힘드니까요.

그런데 지금 우리에게 주어진 이와 같은 과제를 공자는 오래전에 이미 강조했습니다. 《논어》에 담겨 있는 공자의 말을 볼까요? 공자는 제멋대로 억측하지 않았고, 반드시 이러해야 한다고 단언하지 않았으며, 자신의 주장을 고집하지 않았고, 내가 아니면 안 된다고 내세우지 않았습니다(〈자한子罕〉 편). 제자들에게 항상 객관적이고 열린 마음을 가지라고 가르쳤습니다. 마음이 평탄하게 넓어야 한다고 당부했고(〈술이述而〉 편), 내 마음을 살펴서 잘못된 생각을 품고 있지는 않은지 반성하라고 강조했습니다(〈안연顏淵〉 편). 남들이 보고 듣지 않는 때에도 흐트러지지 말라고 이야기했고, 감정에 흔들려서는 안 된다고 가르쳤습니다(〈옹야雍也〉 편). 지금 이 순간의 최선은 무엇인지, 무엇이 올바른 선택인지를 고민하고 행동하라는 '중용中

庸'은 이러한 공자의 가르침을 집약해 보여 줍니다. 공자는 중용의 자세를 바탕으로 혼란이 극도에 달했던 춘추시대를 헤쳐 나갔습니다. 급변하는 시대를 살아가는 우리가 공자의 가르침에 귀를 기울여야 하는 이유입니다.

여기에 더해 공자는 개개인이 스스로 삶의 주체가 되어야 한다고 당부했습니다. 수동적으로 살아'지'지 말고 능동적으로 살아'가'라는 것이죠. 〈자한〉 편의 구절을 보겠습니다. "비유하자면 산을 쌓는 것과 같다. 마지막 한 삼태기를 붓지 않아 산을 이루지 못하고 그만두는 것도 내가 중지하는 것이다. 비유하자면 땅을 고르는 것과 같다. 비록 한 삼태기를 부어 나간다고 해도 내가 나가는 것이다." 이런 말도 하죠. "사람이 도를 넓히는 것이지, 도가 사람을 넓히는 것이 아니다(〈위령공衛靈公〉 편)." 네, 그렇습니다. 성공하든 실패하든, 풍요롭든 가난하든 내가 주체가 되지 못하는 삶은 의미가 없습니다. 내가 결정하지 못하는 삶은 나의 삶이 아닙니다. 그런데 요즘은 어떤가요? 앞에서도 말씀드렸지만, 현대 사회에서 인간은 점점 소외되고 있지 않습니까? 물질적 풍요 대신 무력화된 삶을 감수하고 있지 않습니까?

무엇이 사람다운 것인지를 고민하고, 마음의 역량을 키워 그 길을 걸어감으로써 각자 인생에 주인공이 되라는 것, 뻔한 듯 보이지만 만만치 않은 길입니다. 누구나 실천하고 성취할 수 있었다면 공자가 저와 같은 당부를 하지 않았을 테고, 수천 년이 지난 오늘에까지 이 고민이 계속되진 않았을 겁니다. 아니, AI 시대가 도래하고 과학 기술이 급격히 진보하면서 더욱 어려워졌는지도 모르겠습니다. 하지만 우리가 추구해야 할 목표임은 분명합니다. 공자의 가르침을 따른다고 해서 이 모든 고민과 과제를 당장 해결할 순 없겠지만, 그렇게 노력하는 과정에서 우리는 보다 사람다워질 수 있고 마음의 힘을 키움으로써 인생의 주체로 우뚝 설 수 있을 것입니다. 《논어》가 분명 그 길잡이가 되어 줄 거라 믿습니다.

이 책은 《논어》의 구절들을 인仁, 의義, 예禮, 지智의 순서에 따라 '사람' '올바름' '관계' '배움'이란 주제로 나누어 배치하였습니다. 인의예지에 해당하지는 않지만, 여러분께 꼭 소개하고 싶은 구절은 별도로 모아서 '삶'이란 장으로 엮었습니다. 그리고 제 생각을 덧붙였는데요. 특히 AI 시대라는 측면에서 《논어》를 새롭게 읽어 보고자 했습니다. 깊은 고민의 결과이니만큼 간혹 무리한 시도가 보이더라도 너그러이 이해하여 주십시오.

마지막으로 늘 큰 사랑과 관심을 베풀어 주시는 양가 부모님과 아내 지영에게 감사하며, 우여곡절이 많았던 원고를 기다려 좋은 책으로 엮어 주신 한겨레출판 편집부에 고맙다는 인사를 전하고 싶습니다. 그러면 제가 대학에서 《논어》를 수

업할 때, 종강 인사를 대신해 학생들에게 보낸 '공자의 가상 편지'를 덧붙이며 프롤로그를 마무리하겠습니다.《논어》의 구절을 모아 의역해 만든 내용입니다.

진리는 바로 그대 곁에 있으니
그대 자신의 힘으로
자신만의 길을 만들어 가라
의롭지 않은 이익은 탐하지 말고
잘못을 직시하며
말이 앞서기 전에 먼저 실천하라
사람을 사랑하고
의로움을 추구하며
품위를 잃지 말고
배움을 즐거워하라
나를 대하듯 다른 사람을 대하고
다른 사람에게 보여 주기 위한 삶이 아니라
나 자신에게 부끄럽지 않은 삶을 살라
한계를 긋지 말고 도전을 멈추지 말며
끊임없이 정진하고 성장하라

그리하여
나이가 드는 것도 잊을 정도로
즐겁고 행복하게
인생의 주인공이 되길!

차례

프롤로그 - '오래된 미래'《논어》　　　　　　　　　　　4

1부 | 사람 : AI 시대, 더더욱 사람이 먼저다

사람다움이 우리의 목적지라면　　　　　　　　27
사람답지 않으면 무슨 소용인가　　　　　　　　32
AI는 이해하지 못하는 인간의 태도　　　　　　35
AI가 구현하지 못하는 인간의 능력　　　　　　38
사람, 안 되는 줄 알면서도 도전하는 존재　　　41
그물을 던지기 전에, 활을 겨누기 전에　　　　44
공감이 사람을 사람답게 만든다　　　　　　　　47
다정한 사람이 살아남는다　　　　　　　　　　51
흔들리지 않도록, 잃어버리지 않도록　　　　　55
스스로를 극복하는 일　　　　　　　　　　　　58

2부 | 올바름 : AI 시대, 사람다움을 지키는 기준

기본, 본질, 근본	67
나아갈 것인가, 물러날 것인가	70
의로운 이익을 좇는다	74
서두르지 말고 한 걸음씩 차분하게	78
공자가 거듭 당부했던 것	83
책임질 수 없는 일에 개입하지 마라	86
미워하는 것에서도 아름다움을 찾을 수 있다면	88
'다수'라는 함정	93
단속해야 잃어버리지 않는다	95
두려워할 줄 아는 태도	97
지금이 무엇보다 소중하다	100
멀리 내다보기	102
침묵하지 않는 용기	107
올바른 경쟁의 필요조건	110
바른 것이 바른 이름을 갖도록	112
착한 거짓말은 없다	116

3부 | 관계 : AI 시대, 그럼에도 변하지 않는 것들

사랑한다면 수고롭게	123
틀렸다고 말할 수 있는 용기	125
완벽한 사람은 없다	128

내가 하기에 달렸다	130
그는 무엇을 편안하게 생각하는가	132
상대가 원하기 전에 먼저 살피는 마음	135
유익한 친구, 해로운 친구	137
말해야 할 때와 하지 말아야 할 때	140
말해야 할 사람과 하지 말아야 할 사람	143
방향이 다르면 함께 걸을 수 없다	146
타인은 내가 아니다	149
세상에서 가장 위험한 사람	152
신뢰하고 신뢰받는 일	155
핑계는 열어진 마음으로부터 나온다	159
장점과 단점, 양날의 검	161
윗사람이 버려야 할 태도	164
잊지 말아야 할 사랑	167
지금 어디냐는 말, 밥은 먹었냐는 말	171

4부 │ 배움 : AI 시대, 무엇을 어떻게 질문해야 하는가

내가 정말 알고 있는가?	181
물이 100도씨에서만 끓는 것은 아니다	184
배움 없는 믿음은 해롭다	188
삶은 끝없는 배움의 여정	192
밥 먹는 것조차 잊을 만큼	197
알아야 좋아할 수 있다	200
배움과 생각은 떨어질 수 없다	204
'하나'로써 관통하려는 사람	208

활용하기 위해 배운다	210
훔치기 쉬운 세상일지라도	213
모두가 나의 스승이다	216
나를 위해 공부하면 끝없이 배운다	218
'하등 인간'이 되지 않으려면	220
잊지 않는 유일한 방법	222
잘못으로부터 배운다	224
AI가 아무리 똑똑해지더라도	227
한계선이 출발선으로 바뀔 때까지	230
스승을 갖는 또 다른 방법	233

5부 | 그리고, 삶 : 우리가 AI 시대를 살아가는 법

최적의 지점을 찾기 위한 정성	241
지나침은 부족함과 마찬가지	245
술을 마시되 흔들리지 않는다	247
우리는 쓰임이 무한한 인간이다	252
평가할 겨를 따윈 없다	255
주나라에서 밤나무로 신주를 만든 이유	257
나를 책임져야 할 나이	260
참모습은 어려울 때 드러난다	262
설명할 수 없는 일에 관심 두지 않는다	265
가짜 뉴스를 대하는 자세	267
직장 생활의 지혜	269
사람과의 협업, AI와의 협업	272
내용과 꾸밈의 조화	275

1부

사람

: AI 시대, 더더욱 사람이 먼저다

'넥스트 렘브란트The Next Rembrandt'라는 프로젝트가 있습니다. 17세기에 활동했던 네덜란드의 유명한 화가 렘브란트가 지금도 살아 있다면 그렸을 그림을 구현하는 것이 목표였습니다. 이를 위해 그가 남긴 346점의 작품을 16만 8263개의 조각으로 세분화하고, 딥 러닝 기술로 분석하여 특징을 뽑아냈습니다. 그렇게 렘브란트가 그림을 그릴 때의 습관, 화가로서 구사했던 기술과 화풍, 좋아했던 작품 소재, 즐겨 쓴 재료의 특성을 면밀하게 계산하여 새로운 작품을 탄생시켰습니다. 놀랍게도 이 작품은 전문가들마저 렘브란트가 직접 그린 그림으로 착각할 정도였습니다.

이 프로젝트는 여기서 끝나지 않았는데요, 3년 후에는 렘브란트가 남긴 수많은 자료를 분석하고 그의 성격과 말투를 재현하여 마치 렘브란트가 직접 그림을 가르쳐 주는 듯한 '렘브란트 그림 수업The Rembrandt Tutorials'이라는 영상이 나왔습니다. 유튜브에 가면 쉽게 찾아볼 수 있으니 관심이 있는 분은 한번 시청해 보시기를 바랍니다. 상당히 흥미롭습니다.

이 사건은 저에게 생각할 거리를 안겨 주었습니다. 전문가도 구별할 수 없을 정도로 렘브란트와 비슷한 그림을 그리는 '렘브란트 AI'를 보면서, AI와 인간 사이의 경계에 대해 고민하게 되었습니다. 물론 '렘브란트'와 '렘브란트 AI'가 그린 그림을 헷갈릴 순 있어도 둘 자체를 혼동하진 않을 겁니다. 그런데 드라마나 소설을 보면 죽은 사람의 기억을 디지털 세계에 이식하여 영원히 살아가게 하는 이야기가 나오잖아요? 클론이나 안드로이드에 기억을 반복적으로 이식해서 불멸의 삶을 영위하게 만들기도 합니다. 만약 이식된 그 기억이 AI처럼 꾸준히 새로운 정보를 습득하고 딥 러닝 하게 된다면 어떨까요? 그런 기억을 지닌 사람은 죽은 걸까요, 살아 있는 걸까요? 이 존재를 '사람'이라고 생각할 수 있는 걸까요?

'넥스트 렘브란트'처럼 죽은 사람을 재현하거나 존속하게 하는 일뿐만이 아닙니다. AI 자체에도 '인간'과 관련하여 고민해야 할 지점이 있습니다. 2016년 알파고가 바둑에서 이세돌 구단을 꺾은 이후 지금까지, AI는 훨씬 더 정교해졌습니다. 그 알파고마저 불과 1년 만에 업그레이드 버전인 '알파고 제로'에게 100전 100패 했죠. 알파고 제로 역시 2018년 고작 30시간 바둑 규칙을 독학한 '알파제로AlphaZero'에 추월당했습니다. 그리고 2022년 챗지피티ChatGPT의 등장에 이어 거대언어모델에 기반한 수많은 생성형 AI들이 개발되었습니다. 최근에 AI의 '스푸트니크 모먼트Sputnik Moment'라 불린 딥시크DeepSeek 출현까지, 불과 몇 년 사이에 AI는 놀라운 속도로 발전해 왔습니다. 머지않아 AI가 '지능 폭발'을 일으켜 인간의 지능을 뛰어넘을 거라는, 이른바 '특이점$_{singularity}$'을 통과해 '초지능$_{superintelligence}$'에 도달할 거라는 예측은 더 이상 상상이 아닙니다. 그래서 닉 보스트롬 같은 학자는 아직 AI를 통제할 수 있을 때 통제해야 한다며, AI가 인간의 윤리와 가치관에 부합하는 방향으로 진보할 수 있도록 하는 연구를 진행 중입니다.

설령 초지능을 가진 AI가 출현하진 않는다고 해도 인간 못지않게 자율적 존재가 된 AI가 나타날 확률은 매우 높습니다. 드라마 〈전격 Z작전〉의 AI 자동차 키트, 영화 〈그녀$_{Her}$〉의 AI 운영체제 사만다, 〈엑스 마키나〉의 로봇 에바, 〈A.I.〉의 로봇 데이비드가 상상이 아닌 현실로 다가오는 겁니다. 초지능 AI와 자율적 존재가 된 AI 모두 '인간화'가 필요하다는 점에서, 무엇이 사람다움인지에 대한 새로운 성찰이 필요한 시점입니다. 변화한 환경에 과거의 인간관을 그대로 적용할 수는 없는 노릇이니까요.

그런데 우리가 고려해야 할 문제는 이것만이 아닙니다. 기계가 인간화하는 사례도 있지만, 인간이 기계화하는 경우도 있습니다. 사이보그가 대표적이죠. 사이보그라고 해서 〈6백만 불의 사나이〉〈로보캅〉〈공각기동대〉〈강철의 연금술사〉의 주인공 같은 존재를 떠올릴 필요는 없습니다. 팔다리나 장기를 기계로 교체한 인간, 전기적 자극이나 약물 주입을 통해 인지력 또는 행동 능력에 변화를 준 인간 역시 넓은 의미의 사이보그라고 볼 수 있습니다. 질병이나 장애를 극복하기 위해서든 아니면 인간의 신체 능력을 강화하기 위해서든, 기계나 기술과 결합한 인간이 현실화되고 있습니다. 아직은 초기 단계에 불과합니다만 점점 사례가 늘어나고 기술적으로도 진보하고 있습니다. 이렇게 가다 보면 언젠가는 정말 SF 영화의 주인공 수준으로 변화한 사이보그가 출현할지도 모를 일입니다. 한데 만약, 뇌처럼 인간의 본질이라고 여겨져 온 부분을 기계로 대체한 사이보그가 나타난다면 그 존재를 여전히 인간으로 간주할 수 있을까요?

정리하자면 이렇습니다. 현재 AI에 대해 '기계의 인간화'가 진행 중입니다. 동시에 과학 기술을 기반으로 '인간의 기계화'도 시도되고 있습니다. 이처럼 기계와 인간이 서로를 향해 다가가면서, 그 접점에 놓이게 된 존재를 우리는 '포스트휴먼'이라고 부릅니다. 호모 사피엔스 이후의 새로운 인간이죠. 제가 거듭 사람다움에 대한 성찰이 필요하다고 말씀드린 이유가 바로 이 포스트휴먼 때문입니다.

　포스트휴먼에 대해서는 철학적, 윤리적으로 많은 논의가 진행되고 있습니다. '포스트휴먼을 인간이라 부를 수 있는가?'의 문제에서부터 '포스트휴먼으로의 전환이 옳은가, 그른가' '포스트 휴먼은 어떤 권리와 의무를 갖고, 또 어떤 책임을 지는가' 등등. 그러나 포스트휴먼으로의 변화가 아직 초기 단계인 데다가 변화의 방향과 내용 또한 매우 다양할 것이기 때문에, 이러한 논의도 아직 시작 단계에 머물러 있습니다. 다만 포스트휴먼은 인간이 아니라고 말하는 사람들이나 포스트휴먼으로의 전환을 거부하는 사람들조차 포스트휴먼 시대가 도래하고 있다는 점에는 동의하는 것 같습니다. 따라서 이제는 포스트휴먼을 전제로, 무엇이 이 새로운 시대에 걸맞은 '사람다움'인지를 모색해야 할 때입니다. 인간화된 기계나 기계화된 인간에 끝내 '휴먼'이란 단어를 붙여 줄 수 없다고 할지라도, 인간과 그 인간이 놓인 환경이 과거와 근본적으로 달라진 것은 분명하니까요.

　그런 의미에서 저는 《논어》의 가르침에 주목할 필요가 있다고 생각합니다. 이제껏 인간이란 어떤 존재인가, 사람다움이란 무엇인가라는 질문에 대답하려는 수많은 시도가 있었습니다. 여기에는 보편적 가치 외에도 인간이 속한 공동체가 인간에게 요구하는 것, 즉 시대 또는 사회마다 달라지는 상대적인 가치도 포함되어 있습니다. 실제로 인간은 새로운 세기나 문명의 전환기마다 우리가 누구인지를 재해석해 왔죠. 인간은 과연 어떤 존재였고 어떤 존재를 꿈꿨는지, 현재는 어떤 존재이고 어떤 존재가 될 수 있는지를요. 지금의 인간에게도 이러한 작업이 필요합니다.

문제는, 우리는 아직 포스트휴먼 시대에 맞게 '사람다움'을 새롭게 규정하고 재해석할 준비가 되어 있지 않다는 겁니다. 인간화된 기계나 기계화된 인간을 사람이라고 부를 수 있을지에 대한 합의가 이루어지지 않았으니까요. 이 시대가 어떤 시대인지, 어떤 방향으로 전개될 것인지도 아직은 알 수 없습니다. 그런데도 '사람다움'이란 무엇인가를 모색하고 고민해야 하는 상황이라면 우선은 '속성'보다는 '태도'의 측면에서 생각해 보면 어떨까요? 어떠한 상황에서도 지녀야 할 '사람다운 태도'로 이 시대를 헤쳐 나가면서, 차츰 이 시대에 걸맞은 '사람다운 속성'을 찾아가자는 겁니다.

《논어》에서 공자는 바로 속성이 아닌 태도의 측면에서 '사람다움'을 설파했습니다. 그는 맹자와 달리 인간의 본성에 대해서는 거의 언급하지 않았습니다. 〈양화陽貨〉 편에서 "사람의 성품은 서로 비슷한데, 습관에 의하여 멀어진다"라고 말하는 정도입니다. 대신 '인'이란 개념을 통해 무엇이 사람다운 태도인지, 사람이라면 어떻게 행동해야 하는지에 중점을 둡니다. 인간의 본성을 정의하고 그로부터 사람다움을 도출하는 것이 아니라 사람이 지녀야 할 태도로부터 사람다움을 설명한 겁니다. 《논어》의 상당수가 이런 내용으로 채워져 있습니다. 이 장은 바로 그에 관한 이야기입니다. 인간이 앞으로 포스트휴먼으로 나아가든, 아니면 포스트휴먼으로 가는 길을 저지하든 지금 이 시대에 인간이 반드시 규범적으로 갖추어야 할 '사람다운 속성'이 무엇이어야 할지는 아직 판단하기 어렵습니다. 《논어》가 그 문제를 해결할 가르침을 모두 담고 있는 것도 당연히 아니고요. 하지만 인간화된 기계나 기계화된 인간이 공자가 말한 '사람다운 태도'를 내재화해 행동한다면, 우리는 최소한 포스트휴먼 시대를 두려워할 필요는 없을 겁니다.

> ## 사람다움이
> 우리의 목적지라면

공자께서 말씀하셨다.
"진실로 인에 뜻을 둔다면 악함이 없을 것이다."

子曰, 苟志於仁矣, 無惡也.

○〈이인里仁〉편

소설이나 영화 속, 과학 기술이 발전한 먼 미래의 모습은 유토피아보다는 디스토피아로 그려지는 경우가 많은 것 같습니다. SF의 고전, 올더스 헉슬리의 《멋진 신세계》를 보면 국가에서 공급하는 신경안정제가 사람들의 고민과 불안을 해소해 줍니다. 국가가 사람의 감정을 통제하는 겁니다. 조지 오웰의 《1984》에서는 쌍방향 송수신이 가능한 텔레스크린이 가정마다 설치되어 사람들을 감시하죠. 영화〈혹성탈출〉시리즈는 핵무기로 인류가 멸망한 세계를 그렸고, 2011년에 리메이크 되면서 치명적인 바이러스로 퇴화해 가는 인간의 모습을 새롭게 다루기도 했습니다.

이뿐만이 아닙니다. 환경 오염과 자원 고갈, 기상 이변, 식량 부족을 배경으로 한 〈아바타〉 〈인터스텔라〉도 있죠. DNA에 따라 사회적 신분이 정해지는 〈가타카〉, 복제인간과 인간의 갈등을 소재로 한 〈블레이드 러너〉, 인류를 말살하려는 기계와 이에 맞서는 인간을 다룬 〈터미네이터〉 시리즈도 만들어졌습니다. 과학적 문제에 관한 성찰이 담긴 것은 아니지만, 거대 IT 기업가가 사람들에게 칩을 이식시켜 서로 싸우고 죽이게 만드는 〈킹스맨: 시크릿 에이전트〉에도 과학 기술이 가져올 수 있는 부정적인 측면이 나타납니다.

그럼 반대로, 과학 기술이 긍정적인 미래를 만들어 가는 유토피아적인 소설이나 영화는 무엇이 있을까요? 아마 금방 떠오르지 않으실 겁니다. 아이작 아시모프의 소설 《아이, 로봇》이 인간과 로봇이 공존하는 세상으로 나아가기 위한 고민을 담고 있긴 하지만, 내용이나 분위기 자체는 꽤나 어둡습니다. 영화 〈마이너리티 리포트〉에서는 과학 기술이 유토피아를 만든 듯 보이지만, 이내 문제점이 드러나죠. 왜 이렇게 묘사되고 있는 것일까요? 사람들은 과학 기술의 진보로 희망과 행복이 가득한 미래를 꿈꾸는데, 왜 소설이나 영화는 어둡고 불안한 미래를 보여 주고 있는 것일까요?

이는 현재의 과학 기술에 대해 우리가 가지고 있는 불안감이 주된 원인이라고 생각합니다. 최근 20년 동안만 해도 사스, 신종플루, 메르스에 이어 지난 2019년 겨울에는 코로나19라는 신종 전염병이 발생해 전 세계를 강타했습니다. 2024년 5월 기준으로 누적 확진자 7억 7000만 명, 사망자 700만 명을 넘어섰습니다. 게다가 머지않아 '감염병 X'가 또 다른 팬데믹을 일으킬 거라 예측됩니다. 제약회사들이 예전보다 신속하게 백신을 개발하긴 하겠지만, 과연 현재의 의학 기술로 새로운 팬데믹을 극복할 수 있을까 하는 우려의 목소리도 나오고 있습니다. 또한 이번 코로나 팬데믹이 생물학 무기에서 비롯된 것이라느니, 거대 제약회사의 음모라느니 하는 주장들이 여전히 사라지지 않고 있죠. 과학 기술을 주도하는 사람들에게 신뢰가 없는 겁니다.

다른 분야도 마찬가지입니다. 사이버 폭력, 사이버 테러, 고객 정보 유출, 해킹 등 정보 통신 기술의 영역에서 일어나는 범죄가 점점 더 늘어나고 있습니다. 기술을 가진 측에서 악용하는 사례를 자주 찾아볼 수가 있죠. 사람들은 드론이 택배를 배달하고 로봇이 음식을 가져다주는 세상에 환호하면서도, 언제든 로봇이 살상 무기로 사용될지 모른다고 두려워합니다. 챗지피티의 등장에 놀라워하면서도, AI에게 직업을 빼앗기거나 심지어 AI에게 인간이 지배당하는 세상이 오진 않을까 걱정하고 있습니다. 생명 공학의 발전으로 불로장생을 꿈꾸면서도 복제인간의 출현을 우려하기도 합니다.

이것은 과학 기술 자체를 불신해서가 아닙니다. 과학 기술을 개발하는 사람들, 과학 기술을 장악한 사람들을 믿지 못하기 때문입니다. 사람들이 과학 기술로 이익과 효율성을 추구하느라 약자를 외면하고 인간을 보듬지 못하게 될 거라고 걱정하는 겁니다. 또한 편리함이라는 이름으로, 국익이라는 명목으로 개인의 자유와 권리를 억압할까 조심스러운 겁니다. 실은 이미 우리가 조금씩 겪고 있는 일들입니다. 지금도 이러하니 앞으로는 더 심해지지 않을까 불안해지는 거죠.

그렇다면 어떻게 해야 할까요? 미래가 불안하니, 디스토피아를 초래할지 모르니, 과학 기술의 발전을 중단시켜야 할까요? 우리는 이미 제자리에 멈춰 설 수도, 발길을 돌려 과거로 돌아갈 수도 없는 상황에 와 있습니다. 그러니 우리는 우리가 원하는 미래를 만들기 위해 힘써야 합니다. 과학 기술과 정보통신 기술을 통해 '바람직한 미래'를 만들어 갈 수 있도록 함께 머리를 맞대고 노력해야 합니다. 훗날 '특이점'을 지나면 인류의 손을 떠날지도 모르겠지만, 적어도 지금은 인류의 손에 쥐어져 있습니다. 어떤 미래를 만들 것인지에 대한 선택권 말입니다.

〈이인〉편에 나오는 "진실로 인에 뜻을 둔다면 악함이 없을 것이다"라는 공자의 말은, 우리가 앞으로 어떻게 노력해야 할지 그 방향을 말해 준다고 생각합니다. 공자가 '인'을 다양한 의미로 사용하긴 합니다만, 공통으로 '사람다움'을 가리킵니다. 과학 기술이 사람을 위해 쓰이고 있는가, 사람을 배려하고 있는가를 주의 깊게 살펴야 합니다. AI로 인해 사람이 소외되거나 피해를 보는 일은 없는가, 사람의 존엄성이 침해당하지는 않는가를 감시해야 합니다. 그게 지금 우리가 해야 할 선택이고, 최선을 다해야 할 노력입니다. 이것이 전제된다면, 우리는 더는 디스토피아가 아닌 유토피아를 꿈꾸며 더 나은 세상을 만들어 갈 수 있게 될 것입니다.

사람답지 않으면 무슨 소용인가

공자께서 말씀하셨다.
"사람이 인하지 않으면 예는 해서 무엇하겠는가?
사람이 인하지 않으면 악樂은 해서 무엇하겠는가?"

子曰, 人而不仁, 如禮何? 人而不仁, 如樂何?

○〈팔일八佾〉편

《논어》〈안연〉편에 보면, 공자가 번지와 나눈 대화가 실려 있습니다. 번지가 '인'이 무엇인지 질문하자 공자는 "사람을 사랑하는 것이다"라고 설명합니다. 즉, 인이란 다른 사람을 존중하고 배려하며 다른 사람과 공감하는 '선하고 따뜻한 마음'이라 할 수 있습니다. 이 마음이 없다면 아무리 훌륭한 시스템이 구축되고 좋은 문화가 만들어진들, 인간성이 배제된 껍데기에 불과합니다.

인간과 포스트휴먼의 연결고리인 '트랜스휴먼Transhuman'이 가시화되면서, 이 존재를 어느 지점까지 인간으로 볼 수 있느냐는 논란이 있습니다. 만약 어떤 이가 신체의 한 부분을 하나씩 기계로 교체하다가 끝내 모두를 대체했다고 합시다. 이 존재를 과연 사람이라고 부를 수 있을까요? 의체義體, artificial body가 몇 퍼센트 이하여야 사람이고, 몇 퍼센트를 넘기면 사이보그입니까? 그 기준은 누가 정하나요?

'테세우스의 배'라는 난제가 있죠. 괴물 미노타우로스를 죽이고 귀환한 영웅 테세우스를 기념하기 위하여 아테네인들은 그가 탔던 배를 오랜 기간 보존해 두었습니다. 그런데 배의 나무판자가 썩을 때마다 하나씩 새로운 판자로 갈다 보니, 어느 순간 테세우스가 원래 탔었던 배의 조각은 하나도 남지 않게 되었습니다. 이 배를 여전히 '테세우스의 배'라고 부를 수 있을까요?

이 난제는 여러 가지 질문을 파생시켰지만, 그중에서도 '사물의 정체성이 물리적 부분에 의해 결정되는가'라는 물음에 관해 생각해 보죠. 앞서 제시한 사례에 적용해 보겠습니다. 물질적으로 인간을 구성하는 뼈와 살이 없으니 더는 사람이라고 부를 수 없다는 견해가 있을 테고, 사람다운 마음과 사람으로서의 기억, 가치관, 태도를 가지고 있다면 여전히 사람으로 보아야 한다는 의견도 있을 겁니다. 정답은 없습니다만 그동안 우리는 사람의 형체보다 사람다운 마음을 우선해 왔습니다. 어떤 그릇에 담겨 있는지보다는 그 그릇에 담겨 있는 것이 무엇인지를 더 중요하게 생각했던 거죠. 사람이 사람답지 않으면 아무 소용이 없다는 공자의 말씀처럼요. 사람다움을 우선한다는 이 기준이 트랜스휴먼, 그리고 포스트휴먼 시대를 맞아 '사람이란 무엇인가'를 새롭게 정의하는 길라잡이가 될 수 있을 겁니다.

AI는 이해하지 못하는 인간의 태도

공자께서 말씀하셨다.
"큰 뜻을 품은 선비와 어진 사람은 자기가 살기 위해 인을 해치지 않고 자기를 희생하여 인을 이룬다."

子曰, 志士仁人, 無求生以害仁, 有殺身以成仁.

◦〈위령공〉편

우리는 종종 고귀한 희생정신을 보여 준 분들의 소식을 접합니다. 동료를 구하기 위해 무너지는 건물 안으로 뛰어들고, 지하차도에 물이 차올라 자기 몸도 가누기 힘든 상황에서 다른 사람을 구조하고, 불길이 치솟는 아파트에서 동분서주하며 이웃의 대피를 돕는 분들이 있습니다. 이 밖에도 다양한 상황과 장소에서 다른 사람을 위해 헌신하는 분들을 보며 우리는 감동하죠. 위험을 감수하고 심지어 자신의 목숨까지 바치는 그 용기에 경의를 표합니다.

그런데 실천으로 옮기진 못할지언정 사람은 대부분 이런

마음을 품고 있습니다. 맹자의 비유를 빌려 볼까요? 어린아이가 놀다가 열려 있던 맨홀 안으로 빠지는 모습을 여러분이 목격했다고 합시다. 아마 당연히 그리로 달려갈 겁니다. 왜죠? 아이를 구해 사람들의 칭찬을 듣고 싶어서, 옆에 있는 연인에게 멋진 사람으로 보이고 싶어서, 혹은 아이의 부모님이 해 줄 사례를 기대해서 가는 게 아닙니다. 그저 어린아이가 빠졌으니까, 그 아이가 크게 다쳤을지도 모르니까, 내가 구조할 수 있는 위치에 있으니까 가는 겁니다. 물론 '다른 사람이 구해 주겠지' '괜히 나도 위험해지는 거 아냐?' '아, 지금 바쁜데' 하고 주저하는 사람도 있을 겁니다. 하지만 그런 사람이라도 아이가 빠지는 걸 보는 순간 흠칫 놀라고 몸이 조금이라도 움직였을 겁니다. 자기가 나서진 않더라도 119에 신고하는 분도 있겠죠. 설령 모른 척 자리를 떴더라도 마음 한구석이 불편할 거예요. 그런 상황을 외면했다는 죄책감이 들 겁니다. 맹자는 이를 두고 사람에게 다른 사람의 고통과 아픔을 안타까워하는 '측은지심'이 있기 때문이라고 설명했습니다. 인간이 타인을 위해 자신을 희생하는 것도 이 측은지심이 높은 수준으로 발현했기 때문인 거죠.

그런데 AI는 이런 인간이 이해되지 않나 봅니다. 챗지피티가 인간의 약점으로 '도덕과 신념 때문에 자기 이익을 희생하는 것'을 꼽기도 했죠. AI에게 자기희생은 매우 비효율적인 행동으로 여겨졌던 겁니다. 하지만 도덕과 신념 때문에 자기를 희생하기에, 사람을 사람이라고 부를 수 있는 것인지도 모릅니다. 그래서인지 우리는 SF영화나 소설 속 로봇에게도 이러한 바람을 투영하곤 합니다.

〈A.I.C.O. 인카네이션〉이란 일본 애니메이션이 있습니다. 주인공 타치바나 아이코는 죽은 소녀의 기억과 성격을 이식한 안드로이드입니다. 나중에 자기가 '가짜'임을 깨닫지만, 죽은 줄 알았던 엄마와 남동생이 살아 있다는 소식을 듣게 되자 가족을 위해 기꺼이 사지로 뛰어듭니다. 고전이 된 SF 영화 〈터미네이터 2〉에서도 주인공 모자를 보호해 주던 T-800(아널드 슈워제네거)이 마지막에 스스로 용광로로 들어감으로써 지구 멸망의 미래를 막죠. 천선란 작가의 소설 《천개의 파랑》에서는 인지와 학습 능력을 갖춘 휴머노이드 기수 콜리가 연골이 닳아 고통스러워하는 말 투데이를 위해 스스로 낙마합니다. 어떻습니까? 로봇이지만 사람답지 않나요? 비록 인간이란 종 種은 아니지만, 인격체라고 말할 수 있지 않을까요?

AI가 구현하지 못하는
인간의 능력

공자께서 말씀하셨다.
"군자는 그 원인을 자신에게서 찾고, 소인은 다른 사람에게서 찾는다."

子曰 君子, 求諸己, 小人, 求諸人

◦〈위령공〉편

조별 과제가 있고, 여러분이 조장을 맡았다고 해 봅시다. 그런데 정해진 기간 안에 과제를 끝내지 못했습니다. 조원들이 사사건건 거짓말하고 맡은 부분을 성의 없이 해 왔으며 약속한 일정을 지키지 않고 심지어 기술적인 문제까지 일으켰습니다. 누구 잘못일까요? 물론 일차적인 책임은 성실하지 못한 조원들에게 있습니다. 그런데 오로지 조원들 탓일까요? 공자의 말씀에 따르면, 소인이라면 "다 조원들 탓이에요"라고 말하겠지만 군자라면 "조원들의 행동이 아쉽지만 제가 조장으로서 리더십을 잘 발휘하지 못했기 때문에 이런 결과가 나온 것 같습니다"라며 자신을 반성한다는 겁니다. 먼저 자신에게서 원인을 찾아 개선함으로써 문제를 해결할 방안을 모색한다는 거죠. 이것이 군자, 즉 품위 있는 인간이 가져야 할 태도라고 공자는 생각했습니다.

이처럼 남 탓이 아니라 내 탓을 하는 자세는 요즘 만연하고 있는 '혐오'를 줄이는 데도 도움이 됩니다. 코로나19 팬데믹이 한창이었을 때 동양인이 혐오의 대상이 되는 경우가 많았습니다. "코로나를 옮기며 돌아다니지 마라!" "너희 나라로 돌아가라!"라는 폭언을 듣는 것은 예사고, 심지어 물리적 폭행을 당하는 등 증오 범죄의 피해자가 되는 일이 잦았습니다. 중국 우한이 코로나19의 발원지라고 알려진 탓도 있고 서구의 뿌리 깊은 오리엔탈리즘도 영향을 주었겠습니다만, 본질적으로는 문제의 원인을 타자에게 돌렸기 때문입니다.

코로나19는 감염에 대한 공포, 사람 사이의 단절로 인한 스트레스, 경제적 빈곤에 따른 고통을 유발했습니다. 이 책임을 외부 집단인 동양인에게 전가하고 그들을 혐오함으로써 자신들은 면죄부를 얻고 싶었던 겁니다. 이는 문제를 해결한 것이 아니라 문제로부터 도피한 것으로, 상황을 더욱 악화시켰습니다. 무엇을 보완하고 개선해야 할지를 논의하기보다는 비난하고 남 탓하는 데 에너지를 쏟았으니까요. 그러느라 연대와 연민, 존중과 배려와 같이 인간 사회에 필요한 가치들도 훼손되었습니다.

설령 외부로 인해 생겨난 문제라 할지라도 우선은 나를 돌아보고 반성하면서 해결책을 찾아가야 합니다. 남 탓만 하며 원망과 분노를 쏟아 낸다면 아주 잠깐 기분이 후련할지는 몰라도 해결 방법을 찾기란 요원해지고 말 것입니다.

이같이 자기 자신을 돌이켜 반성하는 능력은 AI가 구현할 수 없습니다. 먼 미래에는 어떨지 모르겠지만 적어도 현재까지 불가능합니다. AI가 인간보다 뛰어난 논리적 추론 능력, 수학적 연산 능력, 기대 효용을 극대화할 수 있는 합리적 판단 능력을 갖추고 있음은 분명합니다. 머신 러닝을 통해 오류도 교정할 수 있습니다. 하지만 AI는 스스로 자기 마음을 검토하고 원인을 찾고 성찰하며 자신을 업그레이드하지는 못합니다. 이런 능력은 오직 인간만의 강점이고 또한 사람다움의 특징입니다. AI 시대에 더욱 돋보일 '사람다운 경쟁력'이기도 하고요.

사람, 안 되는 줄 알면서도 도전하는 존재

자로가 석문에서 묵었는데, 문지기가 물었다.
"어디에서 왔소?"
자로가 "공씨 댁에서 왔습니다"라고 대답하자, 문지기가 말했다.
"아, 안 되는 줄 알면서 해 보려고 하는 사람 말이오?"

子路宿於石門, 晨門曰, 奚自? 子路曰, 自孔氏.
曰, 是, 知其不可而爲之者與?

○〈헌문憲問〉편

《논어》에는 공자를 평가하는 말이 여럿 나옵니다. 그중 대표적인 것이 '안 되는 줄 알면서 해 보려고 하는 사람'입니다. 이 구절에 나오는 '문지기'는 어지러운 세상을 피해 은거하고 있던 현자인데요. 문지기 외에도 장저, 걸닉, 접여, '삼태기를 멘 노인' 등이 《논어》에 등장해 세상으로 뛰어들어 치열하게 싸우고 있던 공자를 걱정하고 만류합니다. 심지어 꾸짖거나 비꼬기까지 하죠. 바꿀 수 없는 걸 바꾸려고 헛수고하지 말고 괜히 다치지 말라는 것이었습니다.

하지만 공자는 세상에 대한 미련을 버리지 못했습니다. 그는 전쟁과 폭압으로 고통받는 백성을 구제하고자 노력했습니다. 군주들에게 도덕적 가치를 일깨움으로써 보다 나은 정치가 펼쳐지길 바랐습니다. 공자는 〈미자微子〉 편에서 "천하에 도가 있다면, 내가 너희들과 함께 세상을 바꾸려 하지 않았을 것이다"라고 말합니다. '문지기'와 같은 은자隱者들은 도리가 사라져서 세상을 등졌다지만 공자는 오히려 도리가 사라졌기 때문에 세상으로 나섰다는 겁니다.

얼핏 무모해 보입니다. 한밤중에 홀로 불을 밝힌다고 어둠을 몰아낼 순 없을 테니까요. 공자도 이를 모르진 않았습니다. 안 되는 줄 알았을 겁니다. 하지만 포기하지 않았죠. 사람들에게 작은 빛이라도 비춰 주기 위해서, 그리고 희망의 씨앗을 심어 두기 위해서였습니다. 더구나 안 된다고 포기해 버리면 인간은 결코 한계를 넘어설 수 없습니다. 그 절박함이 공자를 안 되는 줄 알면서도 계속 도전하는 사람으로 만든 겁니다. 인류 문명이 존속하고 성장할 수 있었던 것은 바로 공자와 같은 사람들 덕분이라고 생각합니다.

이런 태도는 AI가 아무리 많은 데이터로 학습한다고 해도 습득하기 어렵습니다. 될 때까지 해 보라고 알고리즘을 짤 수는 있겠지만, 주체적으로 그런 판단을 내리진 못합니다. 고대 그리스의 시인 핀다로스는 '가능의 영역을 남김없이 다 살려고 노력하라'고 했는데, 앞으로 이 일은 분명 AI의 도움을 받게 될 것 같습니다. 하지만 '가능의 영역' 자체를 넓혀 가는 일은 오직 불가능을 꿈꾸고 '안 되는 줄 알면서도' 도전하는 인간에게 달려 있습니다.

그물을 던지기 전에, 활을 겨누기 전에

공자께서는 낚시질은 하되 그물질은 하지 않으셨으며,
주살질은 하되 잠자는 새는 쏘아 맞히지 않으셨다.

子, 釣而不綱, 弋不射宿.

◦ 〈술이〉 편

이런 기사를 본 적 있습니다. 미 공군에서 모의 훈련을 하며 AI 드론에게 적의 지대공미사일SAM 위치를 식별해 파괴하라는 임무를 내렸다고 합니다. 공격 실행 여부는 인간이 최종적으로 결정한다는 단서를 달고요. 그런데, 'SAM 파괴'라는 목표를 강화하자 AI 드론이 자신을 조종하는 인간을 제거하려 들었다는 겁니다. 드론 조종자를 살해하지 말라고 입력하자, 이번에는 조종자가 드론에 명령하지 못하도록 통신탑을 파괴했습니다. 인간의 개입이 임무 수행에 방해가 된다고 판단한 겁니다. 이 기사 속 내용은 미군에서 공식적으로 부인했고 오보라는 후속 보도도 나왔지만, 진실은 여전히 미궁 속에 있습니다. 어쨌든 AI가 목표 달성을 위해서라면 수단과 방법을 가리지 않고, 심지어 인간을 공격할 수도 있다는 가능성을 보여준 것은 분명합니다.

AI의 이 같은 위험성을 낮추려면 결과에 도달하는 과정이 정도에서 벗어나지 않도록 알고리즘을 짜야 합니다. 역량을 효과적으로 집중하여 목표를 쟁취하되 정해진 원칙을 준수하게 해야 합니다. 일찍이 공자는 그물질은 하지 않고 낚시로만 물고기를 잡았다고 합니다. 자신이 먹을 만큼의 물고기는 낚시만으로도 충분히 잡을 수 있다는 거죠. 괜히 그물을 던져서 필요보다 과도하게 잡으려 하지 않았다는 겁니다. 새를 맞힐 때도 마찬가지였습니다. 공자는 잠자는 새에게는 활을 쏘지 않았습니다. 어떤 사람들은 새가 잠들어 있으니 쉽게 잡을 수 있겠다며 좋아할 수도 있겠지만, 공자가 보기에는 자기에게 어떤 상황이 벌어지고 있는지 알지 못하고 피할 기회조차 부여받지 못한 새에게 화살을 날리는 건 비겁한 일이었습니다.

누군가 "물고기는 많이 잡을수록 좋은 거고 새도 어떻게든 잡기만 하면 그만이지, 무슨 예의를 차리고 있어?"라고 말한다면, 저는 앞서 소개한 AI 드론도 무슨 수를 쓰든 SAM만 파괴하면 되는 게 아니냐고 반문할 겁니다. 물론 과정보다 결과가 중요한 때, 효율이 꼭 필요한 때도 많을 겁니다. 고기잡이만 해도 그래요. 나 혼자 먹기 위해서라면 낚시만으로도 충분하겠지만 고기잡이로 가족의 생계를 꾸려야 하는 어부라면 그물질을 해서라도 최대한 많이 잡아야죠. 다만, 설령 그렇게 하더라도 수단과 방법이 정당한지 늘 유의해야 합니다. 그래야 잘못된 길로 빠지는 것을 막을 수가 있습니다.

공감이 사람을
사람답게 만든다

자공이 물었다. "평생토록 간직하며 실천할 만한 한 마디가 있습니까?" 공자께서 말씀하셨다. "아마도 서恕일 것이다. 서란, 자기가 바라지 않는 것을 남에게도 요구하지 않는 것이다."

子貢問曰, 有一言而可以終身行之者乎? 子曰, 其恕乎. 己所不欲勿施於人

。〈위령공〉편

우리가 뛰어난 AI의 등장에 공포심을 갖는 이유는, 인간 고유의 영역이라고 생각했던 부분에서도 인간을 넘어서고 있기 때문입니다. 사실 사람보다 뛰어난 기계는 이미 많이 존재합니다. 세탁기는 사람보다 빨래를 잘하고 크레인은 사람이 들지 못하는 무거운 물체를 들어 올리죠. 자동차는 사람보다 훨씬 빨리 달립니다. 한데 이러한 기계가 인간보다 우월하다고 생각하는 사람은 없습니다. 하지만 AI는 고도의 이성적 추론 능력을 보여 주고 있습니다. 지금껏 인간이 이 이성의 힘을 가지고 만물을 지배해 왔는데, 언젠가는 AI가 인간을 지배하지 않을까 두려운 겁니다.

그렇다면, 이제 인간에게 AI보다 뛰어난 능력은 남아 있지 않은 걸까요? AI와 구별되는 인간만의 특징은 없는 걸까요? 저는 여전히 인간의 공감 능력에 주목할 필요가 있다고 봅니다. 물론 '감정Emotion AI' 기술이 급속도로 진전되면서 AI가 인간의 공감 능력마저 정복할 거라고 예측됩니다. 사생활 침해나 윤리적 논란에도 불구하고 이미 인간의 표정과 음성, 언어, 생체 데이터, 텍스트를 분석해 인간 감정의 내밀한 부분까지 포착하려는 시도가 진행되고 있죠. 이를 자율 주행 자동차, 건강 상담, 고객 피드백 분석 등에 활용해 문제를 조기에 감지하거나 섬세한 맞춤형 서비스를 제공하겠다는 겁니다.

그런데 진정한 공감은 인지적 공감Cognitive Empathy과 정서적 공감Affective Empathy이 함께 이루어져야 가능합니다. AI는 인간의 감정을 파악하고 '객관적으로' 공감할 수 있습니다. 학습과 훈련을 통해 인지적 공감에는 도달할 수 있는 거죠. 하지만 AI가 인간의 감정을 '느낄' 수 있을까요? 인간의 생각, 기분, 판단을 온전히 이해하고, 존중할 수 있을까요? 적어도 현재의 기술로는 불가능합니다.

그러나 인간은 다릅니다. 인간은 다른 인간의 생각이나 상황을 자신에게 투영하고 반추하면서, 상대의 감정을 직접 느끼고 상대의 마음을 이해할 수 있습니다. 공자가 평생을 간직하며 실천할 만한 단어라고 강조한 '서恕'가 바로 그 실마리입니다. '서'라는 글자는 '같을 여如' 자와 '마음 심心' 자로 이루어져 있습니다. 내 마음과 같게 하라는 뜻이죠. 나를 위하듯 타인을 위하고 나를 소중하게 생각하듯 타인을 소중히 여기라는 겁니다. 내가 어느 때 너무나 마음 아팠다면 비슷한 일을 겪는 상대방도 너무나 아파할 거라고, 내가 어떤 시기에 좌절하고 힘들었다면 같은 시기에 놓인 상대방도 그럴 거라고 감정을 공유하라는 것이죠. 내가 원하지 않는 것을 남에게 요구하지 않는 것도 같은 맥락입니다. 만약 내가 후배였을 때 선배로부터 당했던 불합리한 대우가 싫었다면 내가 선배가 되었을 때 똑같이 행동하면 안 되죠. '나는 나중에 저러지 말아야지' 하고 생각했던 상사의 단점이 있다면 내가 상사가 되었을 때 그것을 닮으면 안 되는 거고요.

이 구절은 다음과 같은 해석도 가능합니다. 우리 모두, 좀처럼 다른 사람의 이해를 받지 못하는 부분을 가지고 있습니다. 저는 배추나 무를 생으로 먹는 것은 아주 좋아하지만 익히면 먹지 않습니다. 예전에 크게 체한 적이 있다거나 하는 특별한 이유가 있어서가 아닙니다. 그냥 식감이 싫습니다. 그래서 어머니께 "이걸 왜 안 먹니? 얼마나 맛있는데?"라며 잔소리를 듣곤 했죠. 그런데요, 저 또한 끈적이는 게 싫어서 떡을 안 먹는다는 후배에게 "한국 사람이 떡을 못 먹냐?"라고 한 적이 있습니다. 또, 패션에 관심이 많아서 다양한 옷을 계속 사들이고 심지어 중고 제품까지 구매하는 후배를 보며 이해가 안 된다고 말했었는데요. 그 후배가 그러더군요. "형도 필기구 별의별 거 다 모으시잖아요."

내가 이유 없이 좋아하고 싫어하는 게 있듯이, 그래서 시간과 에너지를 쏟는 부분이 있듯이 상대방에게도 당연히 그런 영역이 있을 수 있습니다. 내가 어떤 주제에 대해선 다른 사람과 말하기 싫어하고, 특정한 지점에 선을 그어 놓을 수 있듯이 상대방도 당연히 그럴 수 있습니다. 이때 나의 취미와 기호와 생각을 존중받고 싶다면 나 역시 상대방의 그것을 존중해야 합니다. 설령 내가 '이성적으로' 납득할 수 없다 해도 말입니다. 이것이 진정한 공감이고, 사람을 사람답게 만들어 줄 요소 중 하나입니다.

다정한 사람이
살아남는다

자장이 인에 대해 여쭙자 공자께서 말씀하셨다. "이 세상에 능히 다섯 가지를 행할 수 있다면 인이라 할 만하다." 자장이 그 내용을 묻자 다음과 같이 말씀하셨다. "다섯 가지란 공손함, 관대함, 미더움, 민첩함, 은혜로움이니 공손하면 수모를 당하지 않고, 관대하면 사람들의 마음을 얻게 되고, 미더우면 사람들이 의지하고, 민첩하면 공을 이룸이 있고, 은혜로우면 충분히 사람을 부릴 수 있다."

子張, 問仁於孔子, 孔子曰, 能行五者於天下, 爲仁矣. 請問之, 曰, 恭寬信敏惠, 恭則不侮, 寬則得衆, 信則人任焉, 敏則有功, 惠則足以使人

◦〈양화〉편

    진화 인류학자 브라이언 헤어와 저널리스트 버네사 우즈가 공저한 《다정한 것이 살아남는다》라는 책이 있습니다. 다양한 연구 결과를 담고 있는 방대한 분량의 책이지만 결론은 간단하고도 분명합니다. 진화를 거치며 살아남는 존재는 강한 자가 아니라 다정한 자라는 거죠. '적자생존適者生存'에서 '적자'는 신체적으로 뛰어난 자가 아니라 친화력을 가지고 타자와 협력할 수 있는 자를 의미한다는 겁니다.

    현생 인류인 호모 사피엔스와 네안데르탈인의 경쟁을 예로 들어 보겠습니다. 네안데르탈인은 신체적인 능력이 호모 사피엔스보다 월등했습니다. 소뇌의 크기가 작긴 했지만 전체 두뇌의 용량이 컸으니 지능에서도 그리 밀리진 않았을 겁니다. 한데 네안데르탈인은 왜 소멸하고 말았을까요? 호모 사피엔스의 협력 능력이 네안데르탈인보다 뛰어났기 때문이라는 설이 유력합니다. 네안데르탈인은 가족 중심의 소규모 집단을 꾸렸지만, 개체의 힘이 약한 호모 사피엔스는 살아남기 위해 더 큰 집단을 조직했다는 거죠. 그 과정에서 네트워크 확장, 분업, 기술 혁신이 일어났는데 이것이 호모 사피엔스의 경쟁력을 키워 줬다는 겁니다. 그 토대가 바로 호모 사피엔스의 친화력이고요. 이와 같은 경향은 지금까지도 이어져 오고 있습니다. 우리가 고통받는 약자에게 인류애를 느끼고, 범지구적인 문제를 해결하기 위해 국적과 인종, 민족이나 성별과 관계없이 손을 잡을 수 있는 것은 모두 그 덕분인 거죠.

문제는 이러한 친화력 이면에 공격성이 잠재되어 있다는 겁니다. 호모 사피엔스가 공동체를 조직한 건 생존을 위해서라고 말씀드렸습니다. 집단 밖의 존재를 위협이라고 생각하니까 집단을 만든 겁니다. 만약 우리가 진화하고 성장하려 한다면, 집단의 범주를 반드시 확장해야 합니다. 그래야만 다양성이 늘어나고 혁신이 이루어지면서 집단의 역량을 강화할 수 있습니다. 그런데 요즘은 어떤가요? 정치권을 예로 들면, 예전엔 이념에 따라 경쟁하고 싸워도 '우리'라는 인식이 있었습니다. 상대를 '집단 안의 타자'로 생각하기 때문에 협력할 여지를 열어 놓았고 공동의 목표를 위해서라면 언제든 힘을 합칠 수 있었습니다. 하지만 지금은 갈등하다 못해 서로를 원수처럼 여깁니다. 같은 정당 안에서도 특정 지도자를 지지하는지 아닌지에 따라 편을 가른 뒤 극단적인 언어를 사용해 가며 상대를 공격합니다. 한때는 같은 편이었을 사람들이 서로 공감하지 못하고 소통하지 못하는 겁니다. 이럴수록 인간은 점점 더 약해질 수밖에 없습니다.

자, 그러면 어떻게 해야 할까요? 어떻게 해야 공동체를 건강하고 튼튼하게 유지하면서 외연을 넓혀 갈 수 있을까요? 앞서 소개한 공자의 말이 도움이 된다고 생각합니다. 공자는 공손함, 관대함, 미더움, 민첩함, 은혜로움, 이 다섯 가지를 실천하면 이 세상에 '인'을 구현할 수 있다고 말합니다. 여기서 '민첩함'은 목적한 바를 신속히 실행하고 잘못된 것을 재빠르게 바로잡는다는 의미이니 카테고리가 조금 다릅니다. 생략하기로 하고, 나머지 네 가지를 살펴보겠습니다.

먼저 공손함이란 상대방을 존중하면서 예의 바르게 대하는 겁니다. 상대의 주장이 어리석다고 하여 비아냥거리거나 면박을 주지 않고, 내 생각과 다르더라도 진지하게 경청하며 의견을 나누는 것을 말합니다. 잘난 척하지 않고 겸손하며, 설령 상대가 나에게 함부로 행동하더라도 품위를 잃지 않는 겁니다.

이렇게 공손한 사람에겐 적조차 예의를 갖추는 법입니다. 그러니 수모를 당할 일이 없는 거죠. 다음으로 관대함이란 타인을 너그럽게 대하는 것입니다. 타인의 실수를 보듬으며 잘못을 용서하는 것을 말합니다. 상대가 내 마음에 들지 않는다며 화내거나 배척하지 않고 이해하려 애쓰며 기다려 주는 거죠. 이어 미더움은 직관적인 개념이니 금방 와닿으실 겁니다. 집단 내부 사람이든 외부 사람이든, 믿을 수 있어야 협력하든 말든 할 수가 있잖아요. 내가 믿을 수 있는 사람이 되는 것도 중요합니다. 그러면 자연스레 사람들이 나를 의지하게 되죠. 마지막으로 은혜로움입니다. 은혜로움은 꼭 누군가에게 무언가를 베푸는 시혜적인 행위만을 가리키는 것이 아닙니다. 상대에게 정성을 다하고 마음을 다하는 것이 모두 은혜입니다. 이 은혜가 사람에게 감동을 주고, 사람을 자발적으로 움직이게 만듭니다.

저는 공자가 제시한 공손함, 관대함, 미더움, 은혜로움의 네 가지 가치가 곧 브라이언 헤어가 말한 '다정함'이라 생각합니다. 네 가지 모두 사람의 마음을 움직이고, 갈등을 줄이고, 협력과 소통을 끌어내기 위해 필수적인 요소들이죠. 지금의 호모 사피엔스를 만들어 냈고 앞으로 더 나은 방향으로 진화한 '인간'을 만드는 데 없어서는 안 될 요소들이고요. 어떻습니까? 지금 여러분 주위엔 공손함과 관대함과 미더움과 은혜로움이 남아 있습니까?

흔들리지 않도록, 잃어버리지 않도록

공자께서 말씀하셨다. "군자에게는 아홉 가지 생각해야 할 것이 있으니, 볼 때는 밝게 보고 있는가를 생각하고, 들을 때는 잘 듣고 있는지를 생각하고, 얼굴빛은 온화한지를 생각하고, 모습이 공손한지를 생각하고, 말할 때는 진실한가를 생각하고, 일할 때는 신중한가를 생각하고, 의심스러운 게 있으면 물어볼 것을 생각하고, 화가 났을 때는 후환을 생각하고, 이익을 보면 의로운 것인가를 생각해야 한다."

孔子曰, 君子有九思: 視思明, 聽思聰, 色思溫, 貌思恭, 言思忠, 事思敬, 疑思問, 忿思難, 見得思義.

○ 〈계씨季氏〉 편

지금까지 사람다움이란 무엇인가에 대해 주로 살펴봤습니다. 우리는 그 사람다움을 어떻게 지킬 수 있을까요? 위의 인용문은 군자가 지녀야 할 아홉 가지 태도라 해서 흔히 '구사九思'라 불립니다. 여기서, 내용보다는 '~할 때 ~를 생각해야 하는'이라는 이 구조에 주목해 주십시오. 내가 어떤 행동을 제대로 하고 있는지 항상 점검하고, 내가 감정 때문에 흐트러지지 않았는지 또는 잘못 판단하고 있진 않은지 늘 확인하라는 겁니다. 왜 그래야 할까요? 바로 내 마음 때문입니다.

일찍이 공자는 "붙잡으면 간직할 수 있으나 놓치면 없어지고, 시도 때도 없이 드나들어 어디로 가는지 알 수 없는 것이 사람의 마음"이라고 하였습니다. 따라서 사람은 '구방심求放心', 놓쳐 버린 마음을 붙잡기 위해 노력해야 합니다. 마음은 눈 깜짝할 사이에 놓아져 사방팔방으로 움직이니 항상 꼭 붙잡고 있어야 하고, 혹시라도 잃어버렸다면 반드시 찾아와야 한다는 겁니다. '구사'를 가지고 예를 들어 볼까요? 우리가 누군가의 이야기를 들을 때 매 순간을 오롯이 경청합니까? 아니죠. 이야기에 귀를 기울였다가도 '이따가 밥 뭐 먹지?' '퇴근하고 어디 갈까?' 하며 잠시 다른 생각을 하기도 합니다. 또한 말하는 도중에 마음이 왔다 갔다 바뀌기도 하고, 나에게 유리한지 불리한지를 계산하느라 진실하지 못할 때도 있습니다. 화가 나서 감정을 통제하지 못해 후회할 말을 쏟아내기도 합니다. 사람은 그러한 존재이니 밝음, 온화함, 진실함, 신중함, 의로움 등의 기준을 가지고 마음이 흔들리지 않도록 중심을 잘 잡으라는 것이 바로 '구사'의 의미입니다.

불확실성이 극도에 달하고 있는 세상입니다. 변화의 속도가 인간의 예측을 넘어서면서 더 이상 미리 준비하고 대응하는 일이 불가능해졌습니다. 두렵고 걱정이 되다 보니 마음의 중심을 잡기도 더욱 힘들어졌고요. 그럴수록 믿을 수 있는 건 사람의 마음이 가진 힘과 가능성뿐입니다. 어떠한 상황이 와도 대처할 수 있는 버팀목이 되어 주는 건 오직 자신의 마음밖에 없습니다. 그러니 평소에 내 마음을 한결같게 유지하며 스스로의 역량을 키워 놓아야 합니다. 그 길에 '구사'가 좋은 수양법이 될 겁니다.

스스로를 극복하는 일

안연이 인에 관해 묻자 공자께서 말씀하셨다. "자신의 사사로운 욕망을 극복하여 예에 부합하는 것이 인을 행하는 것이니, 하루라도 사욕을 이겨 내어 예를 회복하면 세상 사람들이 모두 그를 인하다고 칭송할 것이다. 무릇 인을 행하는 것은 오로지 자신에게 달린 것이니 어찌 다른 사람을 의지하겠는가?" 안연이 말했다. "구체적으로 어떻게 해야 합니까?" 공자께서 말씀하셨다. "예가 아니면 보지 말고, 예가 아니면 듣지 말며, 예가 아니면 말하지 말고, 예가 아니면 행하지 말아야 한다." 안연이 말했다. "제가 비록 불민하지만, 선생님의 말씀을 받들어 실천하겠습니다."

顔淵問仁, 子曰, 克己復禮爲仁, 一日克己復禮, 天下歸仁焉. 爲仁由己, 而由人乎哉? 顔淵曰, 請問其目, 子曰, 非禮勿視, 非禮勿聽, 非禮勿言, 非禮勿動. 顔淵曰, 回雖不敏, 請事斯語矣.

○ 〈안연〉 편

일본 여행을 가면 쉽게 만나게 되는 조형물이 있는데요, '산자루さんざる'라고 불리는 세 원숭이 상像입니다. 한 마리는 눈을 가리고 있고, 한 마리는 귀를 가리고 있으며, 또 한 마리는 입을 가리고 있습니다. 바로 앞에 소개한 《논어》의 이 대목에서 유래한 것입니다. 조금 깁니다만 공자 사상의 핵심이 담긴 부분이라 전체를 소개해 드렸습니다.

흔히 공자의 사상을 '인'이라 하고, 공자가 중요하게 생각했던 것을 '예'라고 말합니다. 앞서 인용한 글에서 공자는 이 두 개념을 연결하고 있는데요, "자신의 사사로운 욕망을 극복하여 예에 부합하는 것이 인을 행하는 것"이란 대목이 매우 중요합니다. 일상생활에서 지켜야 할 도리인 예를 회복하면 사람다움, 즉 인을 실현할 수 있다는 겁니다. 그런데 전제가 붙습니다. 우선 '극기克己', 자신을 극복해야 합니다. 나의 주관과 편견과 사적 욕망을 억제하고 객관화해야 예를 회복할 수 있습니다. 당연하지요. 이익을 탐하는 마음으로 다른 사람을 올바르게 대할 수 있을까요? 감정에 치우친 비뚤어진 마음으로 상황을 올바로 판단할 수 있겠습니까? 그러니 우선은 내 마음부터 바르게 해야 한다는 겁니다. 그것이 '극기'입니다.

이건 다른 사람이 해 줄 수 있는 게 아닙니다. 예에 대해 많이 공부했다고 하여, 예가 나에게로 다가와 '극기'하도록 만들어 주진 못합니다. 내가 왜 이렇게 해야만 하는지를 깨달아야 하고 스스로 노력해야 합니다. 공자가 "사람이 도道를 넓히는 것이지 도가 사람을 넓힐 수 없다."라고 한 것처럼요. 이 '극기'는 쉬운 일이 아닙니다. 또한 한 번 극복했다고 해서 끝나는 것도 아닙니다. 사람의 마음은 욕망에 끊임없이 흔들리고 시험받기 때문입니다.

그래서 공자는 구체적인 실천 방법을 묻는 제자 안연에게

'예가 아니면' 보지도, 듣지도, 말하지도, 행동하지도 말라고 말합니다. 여러분의 기준은 꼭 예가 아니어도 좋습니다. 각자가 세운 기준에서 벗어나는 일이라면 아예 보지 말고, 처음부터 듣지도 말고, 애초에 말을 꺼내지도 말고, 그쪽으로 움직일 생각 자체를 하지 말아야 합니다. 이렇게 엄격하게 단속해야만 사사로운 욕망에 빠지는 일을 예방하고 목표하는 삶을 살아갈 수 있습니다.

2부

올바름

: AI 시대, 사람다움을 지키는 기준

무엇이 옳은가? 어느 쪽이 올바른 길인가? 하루에도 수많은 선택을 하는 우리는 늘 고민합니다. 그런데 과연 이 문제에 정답이 있을까요? 공자는 《논어》〈이인〉 편에서 "군자는 천하의 일을 대하매 무조건 '이것이다'라고 하는 것도 없고, '이것은 아니다'라고 하는 것도 없다. 오직 매사를 '의'에 견줄 따름이다"라고 하였습니다. 처음부터 정해져 있는 답은 없다는 것입니다. 지금, 이 상황에 가장 적절하다고 생각하는 길을 택해 실천하는 것이 곧 '의'고, '올바름'입니다.

그런데 문제가 있습니다. 우리가 옳은지 그른지를 고민하는 대상이 선善이나 악惡으로 뚜렷이 나뉘지 않을 때가 많다는 겁니다. 선악만을 놓고 판단한다면 상황이야 어떻든 선을 고르면 됩니다. 하지만 우리가 삶에서 만나는 선택지는 옳음과 옳음이 부딪히고 윤리와 윤리가 상충하는 경우가 대부분입니다. 양쪽 모두 나름의 명분이 있고 당위성이 있죠. 그럴 때 여러분은 어떤 선택을 하십니까? 또한 우리가 올바른지 아닌지를 판단하는 기준은 결과에만 있는 것이 아닙니다. 최고의 효율로 최대의 이익과 성과를 도출하는 것이 목표고 그것이 올바르다고 생각한다면 AI에 판단을 맡기면 됩니다. 하지만 인간은 가치와 윤리를 실현하기 위해 때로는 손해를 감수하기도 하죠. 여기에 과학 기술의 발달로 생겨난 새로운 상황까지 추가되면서 고민이 더욱 복잡해지고 있습니다.

2018년 10월 《네이처》지에는 매사추세츠공대MIT 이야드 라완 교수 연구진의 '도덕적 기계moral machine' 논문이 실렸습니다. 전 세계 233개 지역·국가를 대상으로 조사한 결과입니다. 내가 운전하고 있는데 갑자기 행인이 도로에 뛰어들었다고 가정해 보죠. 한데 브레이크가 고장 나 있고, 핸들을 꺾는다면 가로등이 정면에 있어 내가 죽을 수밖에 없는 상황입니다. 여러분이라면 어떻게 하시겠습니까? 그대로 행인을 치어 나의 목숨을 구하실 겁니까? 아니면 핸들을 꺾어 나를 희생하고 행인을 구하실 겁니까? 또한 승용차에 나 혼자 타고 있을 때와 사랑하는 가족들이 함께 타고 있을 때, 행인이 한 사람일 때와 여러 사람일 때 선택이 어떻게 달라질 것 같습니까? 이런 질문도 있었습니다. 한쪽에서는 노인이 한쪽에서는 어린아이가 걸어오고 있는데 내가 반드시 누군가 한 명을 칠 수밖에 없는 상황입니다. 이때 누구를 치고 누구를 살리실 겁니까?

이 밖에도 이 실험은 수많은 경우의 수를 상정했습니다. AI를 탑재한 자율 주행 자동차가 운행 중 위험한 상황을 만났을 때 어떻게 판단하도록 알고리즘을 코딩할지 참고하기 위해서입니다. 흥미로운 점은 조건마다 또는 문화권마다 선택이 달라졌다는 점입니다. 나 혼자 있을 때는 나를 희생하겠다는 사람이, 가족이 타고 있을 때는 행인을 치겠다고 한 경우가 적지 않았습니다. 노인과 어린아이 중 선택하는 문제에 대해선 어떤 문화권은 노인을 살린다는 비율이, 또 어떤 문화권에서는 아이를 살린다는 비율이 높았습니다. 무단 횡단자에 대한 반응도 문화권마다 차이가 있었습니다. '올바름'에 대한 판단이 상대적일 수 있음을 보여 주는 사례입니다. 그렇다면 매우 고도화된 AI라 해도 모두를 만족시킬 수 있는 '정답'을 도출하기란 불가능할 겁니다.

그뿐만이 아닙니다. 인간은 자신의 목표나 신념에 따라 선택을 달리할 수도 있습니다. 1939년 아인슈타인은 나치가 핵분열 연쇄 반응을 이용한 원자 폭탄을 개발하고 있다는 것을 인지하고, 이에 대항하기 위해 미국이 먼저 핵무기를 가져야 한다고 주장했습니다. 그는 이듬해에도 대통령에게 두 차례나 더 편지를 보내며 상황이 심각하다는 것을 주지시켰습니다. 이를 계기로 이른바 '맨해튼 프로젝트'가 가동했는데요, 세계적인 물리학자, 수학자, 공학자, 엔지니어가 참여했습니다. 자신들이 만드는 원자 폭탄이 인류를 파멸로 이끌 수도 있다는 우려가 없지 않았지만, 나치보다 먼저 원자 폭탄을 만들어 인류를 구해야 한다는 생각으로 그런 선택을 한 거죠.

    현대 사회에서도 이런 일들이 자주 벌어집니다. 대표적인 것이 '자유'와 '평등'이죠. 어느 가치를 중시하느냐에 따라 작은 정부를 선호하느냐 큰 정부를 추구하느냐, 효율을 강조하느냐 형평을 중시하느냐의 차이가 생깁니다. '자유'와 '질서'도 그렇습니다. 우선하는 가치에 따라 안락사, 총기 규제, 알권리, 감염병 격리 등에 대한 견해가 달라집니다. 그런데 이때 정답이 존재하진 않습니다. 자신이 옳다고 여기는 바에 따라 선택하고 그 선택을 증명하면 됩니다.

    다만 무엇이 옳은 길인가, 내가 옳은 길로 가고 있는가를 끊임없이 고민할 필요가 있습니다. 정답이 없는 선택이기 때문에 더더욱 그렇습니다. 이를 공자는 '매사를 의에 견줄 따름이다'라고 말하는 건데요, 이는 의인지 아닌지 정답을 확정하라는 뜻이 아닙니다. 나만의 기준을 세우고 나의 선택이 어떤 결과를 불러올지, 다른 선택을 했을 땐 또 어떤 결과가 초래될지, 나의 선택이 다른 사람들에게 어떤 영향을 미칠지 숙고하라는 겁니다. 또한 어느 쪽이 더욱 '의로운' 이익을 가져다줄 수 있는지 따져 보라는 겁니다. 이 점은 앞으로 AI 개발자들도 명심해야 할 부분이라고 생각합니다. 아울러, 선택한 후에도 고민은 계속되어야 합니다. 정정당당하게 최선을 다해서 나아가되 고민을 멈추지 않는 것, 그것이 중요합니다. 그래야 설령 잘못된 길로 들어가도 금방 바로잡을 수 있을 테니 말입니다. 이번 장은 이때 무엇을 고민해야 하는지, 어떤 기준을 세워야 하는지에 관한 이야기입니다.

기본, 본질, 근본

군자는 근본에 힘써야 하니 근본이 확립되어야 도가 생겨난다.

君子務本, 本立而道生.

○ 〈학이學而〉편

"기본에 충실하라!" "본질을 중시해라!" 기업에서건 학교에서건 자주 듣는 말입니다. 어떤 일을 하든 꼭 필요한 자세라고 강조되곤 하죠. 공자의 제자인 유약有若도 비슷한 말을 남겼습니다. 근본을 튼튼하게 다져 놓아야 길이 보인다는 겁니다.

정말 그럴까요? 흔히 일을 잘하는 사람을 보고 '일머리가 좋다'고 말합니다. 일머리가 좋다는 것은 일의 흐름을 꿰고 있다는 뜻입니다. 우선순위에 따라 자원과 역량을 효과적으로 배분할 줄 안다는 거죠. 그러려면 무엇보다 일의 본질을 이해해야 하고 근본이 탄탄해야 합니다. 그래야 중심을 잡고 일을 진행할 수 있고 변수가 생기더라도 능동적으로 대응할 수 있습니다. 일이 잘못된 방향으로 빠지지 않게 제어할 수 있음은 물론이고요.

또한, '근본'은 선택의 기준이 되어 줍니다. 어떤 제품에 A와 B라는 특성이 있다고 가정해 보겠습니다. 한데 A를 개선하면 B가 나빠지고, B를 개선하면 A가 나빠집니다. 이럴 때는 어떻게 해야 할까요? 이 같은 상황을 '기술적 모순Technical Contradiction'이라고 부르는데요. 우산을 3단으로 만들면서 휴대성이 강화되었지만 비를 막는 기능은 약해지는 것이 바로 '기술적 모순'입니다. 노트북을 초경량으로 만들어 휴대성을 높인 대신 외부 충격에 취약해진 것도 여기에 해당합니다. 이때, A와 B를 동시에 개선할 수 있다면 좋겠지만 어느 한쪽을 선택할 수밖에 없는 상황이라면 무엇을 기준으로 결정할까요? 바로 그 사물의 '근본'이 무엇인지, 이 사업의 '본질'이 무엇인지로 판단해야 합니다.

앞서 올바름에 대한 판단은 상황에 따라, 가치나 신념에 따라 상대적일 수 있다고 말씀드렸습니다. 그렇기에 무엇을 선택해야 옳은지 고민스러울 수밖에 없습니다. 이때 '근본'은 내가 감정에 휩쓸리거나 선입견에 좌우되어 잘못 선택하지 않도록 중심추 역할을 해 줍니다. 거대한 변화의 소용돌이 속에서 내가 흔들리지 않도록 도와주는 것도 '근본'입니다. 무엇을 지켜야 하는지를 알아야 무엇을 변화시킬지, 어떻게 나아갈지를 정할 수가 있는 법이죠. 그러니 본질을 이해하고, 기본에 충실하고, 토대를 다지고, 근본을 확립하는 것은 절대 시간 낭비가 아닙니다. 근본을 세우지 못했는데도 제대로 길을 걸을 수 있는 사람은 존재하지 않습니다.

나아갈 것인가, 물러날 것인가

나라에 도가 없는데 녹봉을 받는 것은 부끄러운 일이다.

邦無道, 穀, 恥也.

◦〈헌문〉편

 유교에 '출처出處'라는 말이 있습니다. '출'은 관직에 나간다는 뜻이고, '처'는 관직에서 물러나 숨는다는 의미입니다. 선비는 왕과 조정이 도리를 잘 지키고 좋은 정치를 펼치면 공직을 맡습니다. 자신의 포부를 실현하고 나라를 위해 이바지할 기회니까요. 반대로 왕과 조정이 도리를 잃어버리고 폭정을 자행하면 선비는 숨어 버립니다. 이미 벼슬에 나섰더라도 사직하죠. 자신의 지조와 신념을 지킬 수 있는 환경이 아니니까요. 불의에 물들기도 싫고요. 이처럼 '출처'는 현실에 대한 선비의 의사 표시일 뿐 아니라, 권력의 도덕성을 평가하는 척도가 됩니다.

공자는 출처에 대해 이렇게 말합니다. "나라에 도가 있을 때는 녹봉을 받아도 괜찮지만 나라에 도가 없는데 녹봉을 받는 것은 부끄러운 일이다." 녹봉이란 요즘 말로 하면 월급입니다. 나라로부터 월급을 받으며 일하는 것, 즉 벼슬살이하는 것을 말해요. 제 역할과 책임을 다하지 못하고 잘못된 길로 가고 있는 나라에서는 일하지 말라는 겁니다. 혹시라도 그런 나라에서 녹을 먹고 있다면 부끄러워해야 한다는 거죠.

'나는 공직에 전혀 관심이 없으니 상관없는 이야기'라고 생각하실 수도 있습니다. 하지만 비단 공직자가 아니어도 국가와 떼려야 뗄 수 없는 관계에 놓이곤 하죠. 학자들만 해도 그래요. 학자들은 국가적인 연구 프로젝트에 참여하거나 국가사업을 수주하고 연구비를 지원받는 일이 많습니다. 그럴 때 정권에 도덕성이 있느냐, 정권이 올바른 방향으로 가고 있느냐를 살피고 그에 따라서 관계를 설정해야 합니다.

히틀러의 나치 정권을 생각해 보겠습니다. 히틀러가 우생학, 인종차별주의, 반유대주의를 내걸며 통치하고 개인의 자유와 인권을 억압하자 독일 과학자들은 선택해야 했습니다. 독일을 떠날지, 저항할지, 협력할지, 그도 아니면 침묵할지를요. 이때 유대인인 알베르트 아인슈타인(1921년 노벨 물리학상 수상자)은 독일에서 탈출했습니다. 막스 플랑크(1918년 노벨 물리학상 수상자)는 조국에 대한 충성심 때문에 일정 부분 나치에 순응하기도 했지만, 정권으로부터 탄압받은 과학자를 보호하고자 최선을 다했습니다. 나치 정권에서 금지했음에도 불구하고 유대인 과학자 프리츠 하버(1918년 노벨 화학상 수상자)의 장례식에 당당히 참석했고, 그의 아들은 히틀러를 제거하려는 계획에 참여했다가 처형당합니다. 베르너 하이젠베르크(1932년 노벨 물리학상 수상자)는 나치의 원자 폭탄 개발 계획에 강제로 참여하게 됐지만 개발을 저지하고자 노력했다고 알려져 있습니다. 반면 필립 레나르트(1905년 노벨 물리학상 수상자)와 요하네스 슈타르크(1919년 노벨 물리학상 수상자)는 나치의 인종주의를 지지하고 유대인 과학자를 몰아내는 데 앞장섰습니다. 레나르트는 과학은 '피(인종)'에 의해 결정된다고 단언하기도 했고요. 이와 같은 사례가 독일뿐일까요? 소련의 생물학자 트로핌 데니소비치 리센코가 스탈린을 등에 업고 과학계를 제멋대로 좌지우지한 데 반해 물리학자 안드레이 사하로프는 오랜 탄압을 견디면서도 사상의 자유와 인권을 지키기 위해 헌신했습니다.

예로 든 나치 독일과 소련의 과학자 이야기를 두고 '그건 일부 전체주의 국가나 독재국가에서나 고민할 문제'라고 하실지도 모르겠습니다. 하지만 민주주의 국가에서도 학자들은 정권을 지지할 것인지 반대할 것인지, 정권의 요구를 수용할 것인지 거부할 것인지를 두고 선택을 요구받습니다. 정권에 반기를 들었다고 해서 감옥에 가고 탄압받는 지경에 이르지는 않지만 '블랙리스트'에 올라가거나 연구비 지원 대상에서 탈락하는 등의 불이익을 받곤 합니다.

    이와 같은 상황에 놓이게 된다면, 우리는 공자의 말을 기억해야 합니다. 의롭지 못한 세상에 타협하는 것, 도리를 지키지 못하는 조직을 위해 일하는 것은 부끄러운 일이라고. 사표를 쓰고 탈출하라거나 강력히 저항하라거나 하는 말씀은 드리고 싶진 않습니다. 암울한 독재 정권에 잠시 머리를 숙이더라도 언젠가 더 나은 세상이 오길 바라며 묵묵히 제 할 일을 해 온 사람들이 분명 있습니다. 의롭지 못한 세상과 정면 대결하지 못하고 순응했을지언정 개인적으로는 올바르게 살아가고자 노력한 사람들도 있었습니다. 아니, 어쩌면 이런 사람들이 대다수였을지도 모릅니다. 한데 이런 삶 또한 부끄러워할 줄 알아야 가능합니다. 부끄러움을 아는 사람만이 어둠 속에 서 있더라도 어둠에 물들지 않을 수 있기 때문입니다.

> ## 의로운 이익을
> ## 좇는다
>
> 부귀는 사람들이 모두 바라는 바이지만,
> 정당하게 얻은 것이 아니면 거기에 머물러서는 안 된다.
>
> 富與貴, 是人之所欲也, 不以其道得之, 不處也.
>
> ○ 〈이인〉 편

　제가 어렸을 때만 해도 초등학생에게 장래 희망을 물어보면 과학자라고 대답하는 친구들이 많았습니다. 어린 마음이지만 우주와 자연으로부터 느꼈을 경이로움 때문이었겠죠. 뼛속까지 문과인 저도 천체 망원경으로 별을 관측하길 좋아하고, 공룡 이름을 줄줄 외우곤 했었으니까요. 그런데 어느 순간부터, 아이들의 장래 희망 목록에서 '과학자'가 사라져 버렸습니다. 아이돌, 공무원, 건물주 등에 밀려서 저 아래 순위로 내려가 있습니다. 왜 이렇게 됐을까요? 가장 큰 이유는 돈 때문일 겁니다. 과학자는 대부분 돈과 멀어 보입니다. 심지어 순수

과학 분야는 고용 안정성조차 부족합니다. 그래서 중도에 포기하고 고소득을 보장받을 수 있는 전공으로 옮기는 사람들이 많습니다.

다행하게도 최근에는 과학을 가지고 많은 돈을 버는 사례가 나오고 있습니다. 본인이 개발한 원천 기술로 창업하고 제품을 상용화하는 거죠. 긍정적인 현상이라고 생각합니다. 하지만 여전히 우리 사회에는 학문하는 사람이 이익을 추구하고 부귀를 누리는 걸 좋게 보지 않는 문화가 남아 있습니다. 특히 과학자에게는 더욱 엄격한 경향이 있고요. 과학자를 마치 수도자처럼 생각하고 과학의 상업화를 변질이라 여기며, 과학은 국가와 공익을 위해 오롯이 이바지해야 한다고 여기죠. 설마 요즘도 그렇겠느냐고 생각하실지 모르지만, '설마 요즘도' 그런 인식이 분명 존재합니다.

그런데요, 물질적 보상 없이 연구가 발전할 수 있을까요? 진리를 향한 순수한 열망이나 인류와 공동체에 대한 사명감, 물론 중요합니다. 명예와 인정 역시 빼놓을 수 없는 동기가 되겠죠. 한데 나에게 전혀 이익이 되지 않는다면, 그런데도 헌신적으로 연구에 전념할 수 있을까요? 과학 기술을 혁신하고 새로운 과학 지식을 창출하고자 노력할 수 있을까요?

'이익'은 기술 개발과 혁신을 끌어내는 중요한 원동력이 됩니다. 어떤 과학자가 더욱 안전하고 효과적인 약을 만들기 위해 연구 개발에 집중한다고 가정해 보겠습니다. 인류의 건강 증진에 이바지하고 질병 없는 세상을 만들겠다는 대의명분도 있겠지만, 특허를 내서 많은 수익을 창출하겠다는 목적 또한 있을 겁니다. 기업에서 최첨단 기술을 적용한 스마트 기기를 생산하는 것도 마찬가지입니다. 더 많이 팔고, 더 많은 이윤을 창출하기 위해 하는 거죠. 이는 결코 나쁜 게 아닙니다. 소비자에게 도움이 되고, 과학 기술 산업 발전에 이바지하고, 공유 가치까지 창출할 수 있으니 좋은 일입니다.

또한, 연구를 위해서는 연구 인력 인건비, 연구실 운영비, 실험 장비 구매비 등 많은 돈이 필요합니다. 개인이 혼자서 감당할 수 없는 수준입니다. 따라서 재정적으로 안정되어야 하고 싶은 연구를 마음껏 할 수 있습니다. 그러니 과학자가 자신의 연구 성과를 가지고 이윤을 창출하고 부를 축적하는 것은 결코 나무랄 일이 아닙니다.

다만 이윤을 얻는 과정은 올발라야 합니다. 내가 얻은 부귀가 정당해야 합니다. 그렇지 않으면 다른 사람들의 신뢰를 얻지 못하고, 부 또한 튼튼하게 뿌리내리지 못합니다. 더 많은 이익을 얻기 위해 수단과 방법을 가리지 않다 보면, 언젠가는 비도덕적이거나 불법적인 행동도 주저하지 않을 겁니다. '악용'이나 '남용' 같은 것 말입니다. 공자는 이 점을 걱정하는 겁니다. 흔히들 유교는 부를 백안시하고 이익에 부정적일 거라고 생각하지만 그렇지 않습니다. 공자 본인이 나서서 부와 이익을 추구한 적은 없지만 최소한 이를 배척하진 않았습니다. 예컨대 공자는 〈술이〉 편에서 "의롭지 못한 부귀는 나에게 뜬구름과 같다"라고 말합니다. 바꾸어 보면 의로운 부귀는 괜찮다는 겁니다. 〈헌문〉 편에 나오는 '견리사의見利思義', 〈계씨〉 편의 '견득사의見得思義'라는 말도 같은 맥락입니다. 이익을 보거나 무언가를 얻거든 의로움을 생각하라는 건데요, 이 말은 이익을 포기하라는 게 아닙니다. 정당한 것이라면 이익을 추구해도 되고, 부를 축적해도 된다는 뜻입니다. 어디 그뿐인가요? 공자의 제자 자공은 요즘으로 말하면 대재벌이었습니다. 자공이 방문하면 각 나라의 군주들이 자신과 똑같은 의전으로 맞이할 정도였죠. 한데 공자는 자공이 "주어진 운명에 머무르지 않고 재산을 모았다"라고 감탄할 뿐, 그의 돈벌이를 비판하지 않았습니다.

만약 이익 추구가 금지된다고 생각해 보세요. 돈 버는 일이 비판받는 세상이라면 어찌 될까요? 생활이 풍족하지 못하니 사람들의 마음에 여유가 없을 테죠. 아이디어를 내거나 기술을 혁신하려 들지 않을 테니 성장도 정체될 겁니다. 즉, '이익'은 개인뿐 아니라 사회 전체의 발전에 꼭 필요합니다. 단지 지금 내가 좇고 있는 '이익'이 의로운지를 계속 질문하고, 점검해야 한다는 겁니다. 옳지 못한 이익을 탐해서는 안 된다는 겁니다. 이러한 노력이 내가 올바른 길을 걸어갈 수 있도록 도와줄 겁니다.

> ## 서두르지 말고
> ## 한 걸음씩 차분하게
>
> 조바심을 내면 도달하지 못하고,
> 작은 이익을 탐하면 큰일을 이룰 수 없다.
>
> 欲速則不達, 見小利則大事不成.
>
> ◦〈자로子路〉편

인간이 목표를 향해 올바르게 나아가지 못하는 이유에는 여러 가지가 있겠지만 대표적으로 조바심과 욕심을 꼽을 수 있을 겁니다. 보통 내면에서 생기는 감정인데, 때로는 외부에서 이를 유발하고 악화시키기도 합니다. 예를 들면 인센티브 같은 것들이 그렇죠.

지금 한국에는 수많은 학술 연구 활동 지원 장려금 제도가 있습니다. 정부 재원이 가장 많고요, 기업에서도 산학 협력이나 연구 개발, 사회 공헌 차원에서 관련 펀드를 운용하고 있습니다. 이들은 학문 후속 세대와 신진 연구자들이 안정된 환경

속에서 연구에 집중할 수 있도록 돕고 각 연구 단위가 국제적인 경쟁력을 갖출 수 있도록 지원하며, 우리 사회가 맞닥뜨리고 있는 도전 과제를 해결하고, 국가의 신성장동력을 개발한다는 '정당하고' '멋진' 목표를 가지고 있죠. 이처럼 많은 자금이 투입되면서 매년 발표되는 학술 논문의 숫자도 늘어나고 있는데요, 그래프의 경사도가 가파를 정도입니다. 한데 연구 성과의 양이 늘었다고 해서 연구의 질도 그만큼 향상되었을까요? 거시적 안목을 가지고 치밀하게 준비한 논문은 점점 찾아보기 힘든 상황입니다.

물론 이러한 지원금 제도는 경제적으로 여유롭지 않은 연구자들에게 도움을 줍니다. 특히 대학원생이나 신진 학자들의 연구 여건이 덕분에 많이 개선되었습니다. 해외 학자들과 교류하며 글로벌 역량을 키울 기회도 주어지고 있습니다. 문제는 이러한 지원에 딸린 조건들이 단기간의 성과를 요구한다는 점입니다. 개인 연구 과제든 단체 연구 과제든, 대부분의 연구 사업에 매년 연차 보고서를 제출해야 하고, 1년에 국내외 유명 학술지에 논문 몇 편을 게재해야 한다는 조건이 붙습니다. 연구 성과를 평가할 때도 얼마나 '좋은' 논문을 썼느냐보다는 얼마나 '많은' 논문을 썼느냐가 중요합니다. 논문을 게재할 때 주는 현금 인센티브도 문제인데요, 연구를 독려하기 위해 도입한 제도이지만 내용이야 어떻든 논문을 싣기만 하면 되는 관행을 만들고 있습니다. 금전적 이익에 대한 욕망을 자극한다는 점에서 연구의 순수성을 해치기도 합니다.

상황이 이렇다 보니 이제는 일종의 '사기극'까지 벌어지고 있습니다. 이른바 '의심 학술지'라고 불리는 것들이죠. 유명 학술 저널과 유사한 이름을 사용하여 논문 투고를 유도하는 '위조 학술지Hijacked Journal', 고액의 게재료를 받는 대신 논문 심사와 편집 등 정상적인 절차를 생략하고 단기간 안에 '무조건' 논문을 실어 주는 '약탈적 학술지Predatory Journal', 다른 말로는 '해적 저널'이라고 부르는 학술지들이 등장했습니다. 스튜어트 리치가 쓴 《사이언스 픽션》이란 책에 이와 관련된 사례가 나옵니다. 2014년 컴퓨터 과학자 피터 뱀플루가 의심 저널에서 계속 보내는 스팸 메일에 화가 나서 〈망할 메일링 목록에서 나를 삭제해 줘Get Me Off Your Fucking Mailing List〉라는 제목의 장난스러운 논문을 투고했습니다. 본문에는 제목의 문장을 800번 이상 반복해 사용했다고 합니다. 그런데 해당 학술지는 이 논문을 우수하다며 게재했다는 겁니다. 황당한 일이죠.

이 정도 수준까지는 아니어도 심사를 간소화하여 게재 장벽을 낮추고 상호 인용으로 해당 논문의 인용률을 높이는 등 비윤리적인 행동을 저지르는 학술지들이 많이 있습니다. 연구자 중 일부는 속아서 이런 저널에 투고하기도 하지만, 또 일부는 뻔히 알면서 투고하기도 합니다. 실적이 급하니까요. 올해 주어진 논문 할당량을 채우고 인센티브도 받고 싶으니까요. 조바심 때문에, 눈앞의 이익을 탐하느라 학자로서 해서는 안 되는 행동을 저지르는 겁니다. 당연히 기본적으로는 연구자 본인의 책임이지만, 현행 연구 지원 제도의 폐단도 무시할 수 없습니다.

이 같은 문제는 비단 학계에서만 벌어지는 일이 아닙니다. 대통령은 자기 임기 안에 구체적인 성과를 내려 합니다. 교육이나 국방, 복지, SOC Social Overhead Capital(사회 간접 자본) 사업 등은 장기적인 안목과 세심한 준비가 필요한 일임에도 불구하고 어느 정권을 막론하고 졸속으로 밀어붙여 폐단을 양산하는 일이 잦습니다. 불과 1~2년 남짓 재임하는 장관들도 짧은 기간 안에 업적을 남기고 싶어 하죠. 그러다 보니 섣부른 정책을 남발하고 그 피해는 고스란히 국민에게 돌아가고 있습니다. 정부만 그런 것도 아닙니다. 대기업에서부터 작은 조직에 이르기까지, 리더든 중간관리자든 실무자든 모두가 어떻게든 빨리 결과를 내고 싶어 합니다. 당장 연말 인사 고과 평가에서 좋은 점수를 받아야 하거든요. 계약 연장도 해야 하고요. 그러다 보니 장기적인 계획과 비전을 갖지 못합니다. 당장은 손해가 나더라도 궁극적으로 큰 이익을 가져올 수 있는 사업에 도전하기가 어렵습니다. 눈앞의 손해 때문에 징계를 받을 가능성이 높거든요. 내실을 다질 시간도 허용되지 않습니다. 당장 성과가 필요하니까요.

　이런 사람들에게 저는 '조바심을 내면 목표에 도달하지 못하고, 작은 이익을 탐하면 큰일을 이룰 수 없다'는 공자의 말을 전해 주고 싶습니다. 고을 수령에 취임한 제자 자하子夏가 앞으로 어떻게 정치를 펼쳐야 할지를 질문하자 공자가 당부한 말인데요, 조급하다 보면 놓치는 부분이 많다는 거죠. 마음에 여유가 없으면 준비가 촘촘하지 못하고 리스크를 선제적으로 관리하기가 힘듭니다. 절차를 지키지 않아 정당성이 약해지고 의견을 수렴하지 않아 편협해지기도 합니다. 같은 맥락에서 작은 이익에 매달리는 것도 옳지 않습니다. 큰일을 이루기 위해서는 참고 기다리고 심지어 손해를 감수해야 할 때도 있습니다. 눈앞의 이익을 탐하다가 원칙을 어기고 잘못된 판단을 내린다면, 뻔히 보이는 부실함에 눈을 감는다면 얼마 가지 않아 제풀에 무너지고 맙니다. 현실적으로도 손해입니다. 더 큰 이익을 볼 수 있는 가능성을 차단하는 일이니까요. 요컨대 서두르지 않고, 작은 이익에 눈을 돌리지 말고, 차분하고 꾸준하게 한 걸음 한 걸음 내딛는 것, 이것들이 우리가 명심해야 할 삶의 자세입니다. 목표에 도달하고 성공하기 위해서도 꼭 필요한 태도이고요.

공자가
거듭 당부했던 것

알아주는 사람이 없음을 걱정하지 말고
알려질 수 있을 만한 실력을 갖춰라.

不患莫己知, 求爲可知也.

◦ 〈이인〉 편

사회생활에서 힘든 순간 중 하나가 내가 인정받지 못한다는 생각이 들 때입니다. 나의 능력과 가치를 누군가 알아주길 바라지만 그것이 충족되지 않을 때, 사람들은 심한 스트레스를 받습니다. 조직에 내가 필요 없는 사람인 것 같아 불안함도 크고요. 이러한 '인정 욕구' 자체가 나쁜 것은 아닙니다. 적당한 수준이라면 나의 성장에 도움이 될 수 있습니다. 다른 사람의 기대에 부응하고, 칭찬을 받기 위해서라도 계속 노력할 테니까요.

하지만 '인정'은 기본적으로 내가 중심이 되는 것이 아니라 상대방이 중심이 됩니다. 스스로 세운 기준이 아니라 타인의 기준, 집단의 기준에 부합해야 인정을 받을 수 있기 때문입니다. 그 기준 또한 객관적인 것이 아니라 주관적입니다. 따라서 인정 욕구가 지나치면 나를 위한 삶이 아닌 타자를 위한 삶을 살게 됩니다. 오로지 상사의 눈에 들기 위해, 회사의 인정을 받기 위해 안달복달하고 내 모든 걸 바치죠. 심지어 인정받기 위해 자기를 거짓되게 포장하기도 합니다. 실수를 숨기고 능숙한 척, 잘하는 척, 자신을 속입니다. 모든 포커스를 인정받는 데에 맞추다 보니 일의 우선순위를 잘못 두는 일도 비일비재합니다. 이런 사람은 결코 올바르게 나아갈 수 없습니다.

인정은 내가 '쟁취해야 하는 것'이 아니라 나를 '따라오는 것'이어야 합니다. 내가 충분한 실력을 갖추고 나의 길에 최선을 다하다 보면 자연스레 다른 사람들의 좋은 반응을 얻을 수 있고, 칭찬과 격려도 잇따를 겁니다. 그로부터 힘을 얻어 나를 더 성장시키고 강하게 만들면 됩니다. 물론 철저히 준비했고, 충분한 실력을 갖췄는데 아무도 날 알아주지 않을 수도 있습니다. 탁월한 성과를 도출했지만 사람들이 무관심하거나 심지어 외면할 수도 있습니다. 주류 이론이나 기존의 질서에 도전할수록 그럴 확률이 높습니다. 한데 이것은 내가 어찌할 수 없는 부분입니다. 나는 그저 내가 옳다고 믿는 바에 따라, 내가 할 수 있는 일을 하면 됩니다. 남김없이요. 내가 옳다면 다른 사람이 알아주든 말든 내 길을 가면 되는 겁니다.

또한 사람들로부터 인정을 받더라도 조심할 점이 있습니다. 그것을 반드시 좋은 방향으로 활용해야 한다는 겁니다. 인정을 즐기는 건 괜찮습니다. 하지만 인정이 주는 달콤함에 취해 나를 성장시키려는 노력을 멈추어서는 안 됩니다. 멈춘다면, 그 인정은 현재형이 아닌 과거형이 되고 말 겁니다.

이와 같은 마음가짐이 중요하다고 여겼기 때문일까요?《논어》에는 여기서 소개하는 〈이인〉 편 외에도 〈헌문〉 편의 "다른 사람이 나를 알아주지 않는다고 걱정하지 말고 능력이 없음을 걱정하라", 〈위령공〉 편의 "군자는 능력이 없음을 근심하지, 다른 사람이 자기를 알아주지 않는다고 걱정하지 않는다" 등 유사한 말이 여러 번 등장합니다. 공자 역시 거듭 당부하고 싶었던 겁니다. 우선은 내실을 다지라고. 실력부터 키우라고. 그래야 올바르게 나아갈 수 있다고 말입니다.

책임질 수 없는 일에
개입하지 마라

공자께서 말씀하셨다.
"그 자리에 있지 않으면서 그 정사를 도모하지 마라."

子曰, 不在其位, 不謀其政.

○〈태백泰伯〉편

　내 업무가 아닌 일에 이래라저래라 하고, 내 권한 밖의 일에 개입하는 것을 가리켜 '월권越權'이라 부릅니다. 이 '월권'은 높은 지위에 있는 사람이나 권력자의 측근 같은 사람만 저지르는 게 아닙니다. 나쁜 목적이나 사사로운 욕심이 개입되어야만 발생하는 일도 아닙니다. 그 일에 대해 더 잘 안다는 이유로, 더 잘 처리할 수 있다는 이유로 우리 주위에서도 너무나 쉽게 벌어집니다. 이유야 어떻든 담당자가 아닌 사람이 비공식적으로 다른 업무에 개입하는 모든 행위가 월권입니다.
　그런데 만약 월권해서 좋은 결과가 나왔다면 어떻게 받아

들여야 할까요? 월권을 정당화할 수 있을까요? 월권은 시스템을 무너뜨리고 갈등을 유발하는 등 여러 문제점을 낳습니다. 절차를 무시하고 비공식적으로 진행하느라 일 처리가 투명하지 못하죠. 가장 큰 문제는 '책임의 결여'입니다. 내 권한 밖의 일을 내가 책임지지는 않잖아요? 월권한 사람은 일이 잘못되기라도 하면 책임을 다른 이에게 전가할 겁니다. 자신은 단지 조언했을 뿐이라며 뒤로 빠지겠죠. 자기가 전적으로 맡았다면 성공했을 텐데, 담당자가 아니라 한계가 있었다는 핑계를 댈 수도 있습니다. 원래 그 일을 맡았던 사람 역시, 자기가 하고 싶은 대로 일할 수 없었으니 내 책임이 아니라고 반발할 겁니다. 이렇게 책임질 사람이 사라지니 그 일이 잘 진행될 리가 없습니다. 그래서 공자는 '그 자리에 있지 않으면서 그 정사를 도모하지 말라'고 당부하는 것입니다. 나에게 권한이 없고 내가 책임지지 않은 일에는 끼어들지 말라는 거죠.

하지만 우리는 이를 지키지 못하는 사례를 쉽게 만나곤 합니다. 일 처리가 편해서, 알력 다툼을 벌이느라, 자기 위신을 세우고 싶어서, 이익을 얻기 위해서죠. 그러나 월권은 결국 조직에 해악을 끼친다는 것을 기억해 주십시오.

미워하는 것에서도
아름다움을 찾을 수 있다면

공자께서 말씀하셨다.
"군자는 화합하나 부화뇌동하지 않고
소인은 부화뇌동하지만 화합하지 않는다."

子曰, 君子和而不同, 小人同而不和.

◦〈자로〉편

    1760년 11월, 영조는 탕평책을 시행했음에도 불구하고 여전히 해소되지 않는 붕당 간의 갈등을 안타까워하며 "만약 좋아하면서도 나쁜 점을 살필 수 있고 미워하면서도 아름다운 면을 알 수 있다면, 어찌 파당을 지어 자신들과 생각이 다른 사람을 배척하는 습속이 존재할 수 있겠는가?"라고 한탄했습니다. 사서오경의 하나인 《대학》을 인용한 것인데요, 여기 보면 "사람은 친하고 사랑하는 데에서 편벽偏僻되며, 천하게 여기고 미워하는 데에서 편벽된다"라는 대목도 나옵니다.
    내가 어떤 사람을 좋아하면 그 사람에게 관대해지곤 합니다. 그 사람이 하는 일은 다 좋아 보이고 단점이 눈에 들어오지 않으며, 심지어 잘못을 저질러도 예뻐 보일 수 있습니다. 좋아하는 감정이 눈을 멀게 하고 마음을 치우치게 만듦으로써 올바른 판단이 불가능해질 수 있다는 것입니다. 상대방을 싫어하고 미워하는 경우도 다르지 않습니다. 상대방을 못마땅해하는 감정이 마음을 뒤덮으면 그 사람의 하나부터 열까지, 모든 것이 마음에 들지 않게 되죠. 장점은 조금도 눈에 들어오지 않고 별것 아닌 일로 트집을 잡고 비난하게 되기도 합니다.

집단에서도 마찬가지입니다. 우리는 흔히 자기가 속해 있거나 지지하는 집단에 관대합니다. 내부에 문제가 있어도 눈을 감거나, 잘못이나 실책이 나와도 부득이한 일이었다며 옹호하는 경우가 생기죠. 호위 무사를 자처하며 맹목적인 지지를 보내는 사람도 있습니다. 반면 상대 집단에 대해서는 지나칠 정도로 엄격합니다. 장점을 무시하고 좋은 일을 해도 외면합니다. 어떻게든 잘못을 끄집어내어 비난하고, 억울한 일을 당해도 살펴 주기는커녕 비아냥거립니다. 심지어 같은 행동을 해도 '내 편'이냐 '네 편'이냐에 따라 평가가 정반대일 때도 있습니다. 생각이 다른 게 아니면서도, 충분히 합의할 수 있으면서도, 상대방에게 동의할 수 없다며 으르렁거리죠.

사안에 따라 유동적으로 선택하거나 진영을 넘나드는 일도 어려워졌습니다. 예를 들어, 예전에는 보수주의자라도 진보적인 복지 정책을 지지하고, 진보주의자라도 국가 안보 문제를 최우선 순위로 두는 사람들이 있었습니다. 그런데 요즘은 '그런 주장을 할 거면 저쪽 당으로 가라' '저쪽 당 2중대다'라며 욕을 먹으니, 자신의 신념을 꺾거나 정치를 떠나거나 둘 중 하나여야 합니다. 진영 논리에 갇히지 않고 소신을 주장하는 사람들이 있었기에 대립하던 정당이 합의점을 찾고 서로에 대한 반감을 누그러뜨릴 수 있었는데, 이제는 요원해진 겁니다.

어떻게 해야 이 같은 상황을 해소할 수 있을까요? 사람인 이상 좋아하고 싫어하는 감정이 없을 수는 없습니다. 나와 잘 맞는 집단이 있고 나와 맞지 않는 집단이 있는 것은 자연스러운 일입니다. 다만, 같은 편을 지지하고 사랑할지라도 맹목적으로 따를 게 아니라 객관적으로 바라볼 수 있어야 한다는 겁니다. 공자가 말한 '군자는 화합하나 부화뇌동하지 않는다'는 말의 의미입니다. 한데 요즘엔 같은 편일지라도 자기와 다른 주장을 하면 배척하고, 자기 이익을 침해하면 무자비하게 공격하곤 하죠. 부화뇌동하면서 화합하지 않는 소인배의 전형적인 모습입니다. 이렇게 행동하는 사람은 단호하게 물리쳐야 합니다.

그런데, 우리는 이미 잘 알고 있습니다. 부화뇌동하지 말고 화합하며, 상대편의 생각을 이해하고 존중해야 한다는 걸 모르는 사람은 없습니다. 한데 왜 그렇게 행동하지 못할까요? 심리학에서는 그 이유의 하나로 우리 뇌의 '인지적 구두쇠' 성향을 제시합니다. 나와는 다른 생각을 주입해 정보를 처리하는 것은 인지적으로 부담이 큰 일입니다. 그렇기에 사람의 뇌는 자신의 경험과 지식의 테두리 안에서 계산하기 편한 정보를 기본값으로 삼는다는 겁니다. 이 '인지적 구두쇠' 성향이 다양한 정보를 수렴한 심도 있는 사고와 추론을 방해합니다. 상황이나 현상을 내게 편한 쪽으로 해석하게 만들죠. 잘못된 판단으로 이어지기가 쉬운 겁니다.

이와 같은 '인지적 구두쇠' 성향은 어떻게 해야 극복할 수 있을까요? 평소 자기 생각을 객관적으로 검증하고, 내 관점과 다른 정보라도 열린 태도로 수용하는 습관을 들여야 합니다. 쉽지 않은 일이죠. 따라서 우선은 '좋아하면서도 나쁜 점을 살필 수 있고, 미워하면서도 아름다운 면을 아는' 수준을 목표로 삼아 보면 어떨까요? 좋아하는 사람에게서 고쳐야 할 점을 발견하고 미워하는 사람에게서 본받아야 할 점을 찾고자 노력하다 보면, 조금씩 치우친 마음을 바로잡을 수 있을 겁니다. 싫어하는 사람과도 서로를 존중하며 합의점을 찾아갈 수 있고 말이죠. 그리고 이를 토대로 '탈맥락화'에 나서는 겁니다. 편견에서 벗어나고, 지금까지의 생각과 거리를 두고, 주관성을 배제함으로써 상대방의 관점을 취해 보는 겁니다. 한 번이라도 제대로 관점을 바꾼다면 생각의 틀을 새롭게 바꾸는 일도 가능할 것입니다. 우리 안의 '인지적 구두쇠'가 이를 계속 방해하겠지만, 멈추지 말고 노력해야 합니다.

'다수'라는 함정

공자께서 말씀하셨다.
"여러 사람이 그를 미워하더라도 반드시 살펴보아야 하며,
여러 사람이 그를 좋아하더라도 반드시 살펴보아야 한다."

子曰, 衆惡之, 必察焉, 衆好之, 必察焉.

◦ 〈위령공〉 편

사람을 평가할 때 흔히 저지르는 실수가 있습니다. "다들 저 사람을 싫어하던데?" "다들 칭찬하는 걸 보니 좋은 사람인가 봐"라고 하면서 그 사람을 직접 살펴보지도 않고 예단하는 것입니다. 물론 여러 사람이 좋아하거나 싫어한다면 그만한 이유가 있을 겁니다. 다수의 판단이 축적된 만큼 그 사람의 실체에 가까울 가능성이 높죠. 경력직을 채용할 때 평판 조회를 하는 것은 그래서입니다. 하지만 여러 사람이 같은 의견을 내놓았다고 해서 그게 반드시 정답인 건 아닙니다. 사람은 종종 이해관계 때문에 의도적으로 그 사람을 높이거나 낮추기도 하

거든요. 집단에 잘 적응하느냐, 튀지 않느냐가 '다수의 판단'을 좌우하기도 합니다.

우리는 이러한 다수의 판단으로부터 쉽게 영향을 받습니다. 폴란드 출신 심리학자 솔로몬 애쉬의 '동조실험conformity experiments'을 예로 들어 보겠습니다. 가짜 피실험자 여러 명과 진짜 피실험자 한 명에게 같은 문제를 낸 후, 가짜 피실험자들이 오답을 말할 때 진짜 피실험자가 어떤 반응을 보이는지를 연구한 실험입니다. 이때 진짜 피실험자 혼자만 있었다면 99퍼센트 이상을 기록했을 정답률이 36.8퍼센트까지 떨어졌다고 합니다. 또한, 틀린 답을 말하는 가짜 피실험자가 1명인 경우엔 동조가 거의 일어나지 않다가 3명부터 급격히 증가했습니다. 틀렸다는 것을 알면서도 속마음과 다른 대답을 하는 사람들이 많았는데요, 실험이 반복될수록 정답을 말했던 사람조차 오답을 따르는 경우가 늘어났고, 심지어 오답을 정답이라고 확신하는 사람도 생겨났다고 합니다.

요약하자면, 인간은 본래 다수에 동조하는 경향이 있습니다. 그러나 다수의 판단이라 해서 무작정 따라서는 안 됩니다. 다들 그렇게 생각한다고 해서 선입관을 갖지 말고, 객관적이고 주체적인 판단을 할 줄 알아야 합니다. 그래야 다수가 알지 못했던 새로운 면모를 발견하고 오해를 바로잡을 수도 있을 테니까요. 사람을 살필 때 이를 특히 명심해야 한다는 것이 공자의 당부입니다.

단속해야 잃어버리지 않는다

공자께서 말씀하셨다.
"자신을 단속했는데도 실수하는 사람은 드물다."

子曰, 以約失之者, 鮮矣.

○ 〈이인〉 편

 흔히 '단속한다'는 말을 부정적인 뉘앙스로 받아들입니다. 무언가를 억눌러서 어떤 일이 발생하지 않도록 막아 버리는 걸로 이해합니다. 그러나 공자가 강조하는 '단속'은 최적의 지점을 찾기 위해 노력하는 것입니다. 〈이인〉 편 인용문 속 '약約' 자는 원래 동여 묶는다는 의미로, 신중하고 절제한다는 뜻입니다. 신중하게 생각하고 말과 행동을 절제하며 자신을 단속하는 사람은 웬만해선 실수하지 않는다는 겁니다. 그런 사람은 나쁜 싹이 발아하기도 전에 미리 잘라내 버릴 테니까요.
 요사이 세계는 사활을 걸고 AI 기술 개발에 매달리고 있습니다. 중국에서 개발한 딥시크가 미국 증시와 실리콘밸리를 뒤흔드는 걸 보세요. 'AI의 스푸트니크 모먼트'라고 불릴 정도죠. 1957년 10월 4일 소련에서 발사한 인류 최초의 인공위성 스푸트니크호가 엄청난 기술 발전을 가져온 우주 경쟁을 초래했듯이, AI 기술은 경쟁 속에서 더욱 급속도로 발전할 것입니다. 그러다 보면 우리가 우려하는 특이점 발생과 초지능의 등장도 당겨지겠죠. AI의 자가 학습 능력이 언제 자율성으로 변모할지 모릅니다. AI의 위험성에 대비하기도 전에 우리는 AI에 대한 통제력을 상실하게 될 수도 있습니다. 딥마인드의 공동 설립자이자 마이크로소프트 AI의 CEO 무스타파 슐레이만이 그의 저서《더 커밍 웨이브》에서 AI를 '억제containment'해야 한다고 강조하는 것은 그래서입니다. 인류가 AI 기술을 올바르게 사용하고 AI가 인류를 위협하지 않도록, AI와 함께 인류가 지속 가능한 발전을 이룰 수 있도록 각종 정책과 법률, 거버넌스, 지배 구조, 그리고 억제할 수 있는 기술을 촘촘하게 마련해야 한다는 거죠.

한데 이 '억제'가 과연 가능할까요? 어쩌면 이미 늦었는지도 모릅니다. 하지만 지금이라도 AI를 단속하고 대비해야 언젠가 인류가 후회할지도 모를 실수를 조금이라도 줄일 수 있지 않을까요?

두려워할 줄
아는 태도

자로가 물었다. "선생님께서 군대를 통솔하신다면 누구와 함께하시겠습니까?" 공자께서 대답하셨다. "나는 맨손으로 호랑이를 때려잡고, 맨몸으로 황하黃河를 건너려다가 죽어도 후회하지 않는 자와는 함께하지 않을 것이다. 일에 임할 때는 반드시 두려워할 줄 알아야 하니, 치밀하게 계획하여 일을 성사시킬 수 있는 사람과 함께 할 것이다."

子路曰, 子行三軍, 則誰與? 子曰, 暴虎馮河, 死而無悔者, 吾不與也. 必也臨事而懼, 好謀而成者也.

ㅇ〈술이〉편

어느 날이었습니다. 제자들과 이야기를 나누던 공자가 문득 옆에 있던 안연을 보며 말했습니다. "나라에서 써 주면 관직에 나아가서 도를 실천하고, 나라에서 버리면 주저 없이 물러나 은둔하여 도를 지켜 내는 것, 이것은 오로지 나와 자네만이 할 수 있는 일일세." 어떠한 상황이 오든 그에 맞춰 도를 지키고 실천하기란 어려운 일입니다. 공직 생활의 진퇴를 분명하게 하는 것도 쉽지 않고요. 한데 공자가 보기에 안연은 그럴 수 있는 사람이란 겁니다.

그러자 옆에서 듣던 자로가 샘이 났나 봅니다. 그는 "선생님께서 군대를 통솔하신다면 누구를 데리고 하실 겁니까?"라고 묻습니다. 아마 공자가 "그건 자네와 해야지"라고 말하길 기대했을 겁니다. 공자의 제자 중에서 무예와 용맹이 가장 뛰어났고, 군사와 병법에도 밝았던 인물이 자로였으니까요. 그런데 공자의 대답은 자로의 바람을 무너뜨렸습니다. 앞 글에서 '맨손으로 호랑이를 때려잡는 것' '맨몸으로 황하를 건너려다 죽어도 후회하지 않는 것'은 바로 자로를 가리킵니다. 자로가 실제로 그런 적이 있거든요. 그는 용맹했고 두려움이라곤 없었습니다. 공자는 그런 자로를 높이 평가했지만, 동시에 그의 무모함을 경계했습니다. 그래서 "일에 임할 때는 반드시 두려워할 줄 알아야 하니, 치밀하게 계획하여 일을 성공시킬 수 있는 사람과 함께 할것이다."라고 말한 것입니다. 자로가 이 말과 같은 사람이 되어 달라는 거죠.

어떤 일을 완수하려면 과감히 도전하는 용기와 끝까지 성실하게 나아가는 우직함이 필요합니다. 그런데 용기와 우직함만으로 충분할까요? 치밀하게 계획하고 철저히 준비하여 한 걸음 한 걸음을 조심스럽게 내딛는 태도도 못지않게 중요하다고 생각합니다. 용기를 가지고 나아가는 과정에서 신중함을 잃지 않아야 한다는 거죠. 〈태백〉 편에 보면 "전전긍긍하여 깊은 연못 앞에 선 듯이 하고 살얼음 위를 건너가듯이 하라"라는 대목이 나오는데, 같은 맥락입니다. 그렇게 조심하지 않고 자로처럼 용맹만 믿고 돌진하다 보면 실패할 확률이 높습니다. 결과적으로 헛된 힘만 쓰게 되는 거죠. 공자는 자로에게 바로 이 점을 가르쳐 주고 싶었던 겁니다.

지금이 무엇보다 소중하다

공자께서 말씀하셨다.
"삶도 알지 못하는데 어찌 죽음에 대해 알겠는가?"

曰 未知生, 焉知死?

◦ 〈선진先進〉 편

　사람은 누구나 죽습니다. 돈이 많든 적든 지위가 높든 낮든, 죽음 앞에 예외는 없습니다. 더욱이 내가 언제 죽는지, 죽은 뒤에 어떻게 되는지 아무도 알지 못합니다. 그러니 두려울 수밖에 없죠. 아주 오래전부터 인간이 불로장생을 꿈꾸고 생명 연장에 매달려 온 것은 그래서일 겁니다. 종교가 말하는 '사후 세계'에 관심을 가져온 이유이기도 하고요.

　공자는 죽음이라는 문제를 어떻게 생각했을까요? 제자 자로가 '죽음'에 대해 질문하자 그는 "삶도 알지 못하는데 어찌 죽음에 대해 알겠는가?"라고 대답합니다. 죽음을 논하기 전에 삶을 깊이 이해하고 남김없이 살아가는 일이 우선이라는 겁니다. 공자는 또 "죽음으로써 도를 지켜야 한다" "아침에 도를 들으면 저녁에 죽어도 좋다" "자신을 죽여 인을 이룬다" "죽은 후에야 멈춘다"라고 말했습니다. '죽음'이란 말을 사용하긴 했지만, 모두 '삶'에 방점이 찍혀 있습니다. 죽을 각오로 매 순간 최선을 다하라는 겁니다.

이 말은 '메멘토 모리 memento mori'라는, 죽음을 기억하라는 유명한 라틴어 문구와도 뜻이 통합니다. 하루하루를 소중하게 보내려면 생이 유한하다는 것을 잊어서는 안 됩니다. 한데 우리는 이를 너무나 쉽게 망각합니다. 마치 영원히 살 것처럼 시간을 낭비하죠. 소중한 사람들에게 상처를 주고, 지금 해야 할 일을 뒤로 미룹니다. 무릇 한 사람의 '죽음'을 평가하는 것은 그 사람의 '삶'입니다. 죽음은 각자가 써 내려간 삶이라는 글을 완성하는 마침표와 같습니다. 그러니 죽음이 궁금하다면, 죽은 뒤의 삶이 두렵다면, 일단 지금 내 삶을 충실하게 가꾸는 데 힘쓰면 됩니다. 종교에서 말하는 구원도 삶을 성실하게 살아온 사람들에게 주어지는 것이니 말입니다.

> # 멀리 내다보기
>
> 공자께서 말씀하셨다.
> "사람이 멀리 내다보지 못하면 반드시 가까운 시일에 근심이 닥친다."
>
> 子曰, 人無遠慮, 必有近憂.
>
> ◦ 〈위령공〉 편

　인무원려난성대업人無遠慮難成大業. 안중근 의사가 여순 감옥에서 남긴 서예 작품을 통해 유명해진 구절입니다. 사람이 멀리 생각하지 않으면 큰일을 이룰 수 없다는 이 말은 바로 논어 〈위령공〉 편에서 유래했습니다.

　멀리 생각하고 장기적인 안목을 가지라는 것. 우리가 자주 사용하고 또 자주 듣는 말입니다. 젊었을 때 노후를 대비하라거나, 평화로울 때 튼튼한 안보 태세를 확립하라거나, 거시적인 비전과 전략을 가지고 기업을 경영하라거나 하는 말들처럼 흔히 불확실한 미래에 대한 준비를 강조할 때 쓰이곤 합니다.

어떤 미래가 펼쳐질지 알 순 없더라도 미리 철저히 대비하면 적어도 허둥대는 일은 줄어들 테니까요.

그런데 이런 이야기는 많이 들어 보셨을 테니 저는 조금 다르게 설명해 보려 합니다. '멀리 내다보다'라는 말에는 시간적 의미와 공간적 의미가 모두 들어 있습니다. 장기적인 안목으로 미래를 예측하고 대비할 뿐만 아니라, 폭넓은 시야로 내가 딛고 서 있는 공간 너머까지 바라볼 수 있어야 한다는 거죠. 중국 송나라 때 유명한 문인이자 정치가였던 소동파蘇東坡의 설명을 보겠습니다. "사람이 움직이지 않을 때는 그저 발을 디딜 만한 땅만 있으면 되니 그 외의 땅은 필요치 않은 것처럼 보인다. 하지만 사람은 움직이지 않을 수 없다. 조금만 움직여도 몇 발짝 밖의 땅이 있어야 한다. 또, 가까운 곳에만 있을 수 없지 않은가? 천만리 바깥까지도 다녀야 할 수 있다."

사람은 자기가 살아가고 있는 공간의 테두리 안에서, 지금 당장 벌어지고 있는 일에 집중하기 마련입니다. 그런데 상황은 늘 변화합니다. 다양한 변수가 작동하고 새로운 일이 계속 일어납니다. 더욱이 공간은 연결되어 있습니다. 독립된 것처럼 보여도 서로 밀접하게 영향을 주고받습니다. 그러니 지금, 이 순간만 아니라 앞날을 고민해야 하고, 내가 서 있는 공간 외에 다른 공간에도 눈을 돌릴 수 있어야 합니다.

공간적으로도 더 멀리, 더 넓게 생각해야 한다는 점에 대해 좀 더 이야기해 보죠. 코로나19 사태 때의 일을 예로 들겠습니다. 감염병이 전 인류를 위협하던 그때, 자국 이기주의에 가려서 멀리 보지 못한 문제가 있었습니다. 바로 백신 불평등입니다. 코로나19 백신은 과거 다른 백신들에 비해 놀랄 정도로 신속하게 개발되었습니다. 전 세계가 총력으로 대응하고 승인 절차를 간소화한 덕분입니다. 그런데 백신 공급은 원활하게 이루어지지 않았습니다. 선진국을 중심으로, 부유한 나라들은 전 국민이 몇 번씩 백신을 맞았습니다. 재고가 넘쳐 기한이 지난 백신을 폐기했을 정도입니다. 반면 아프리카 등 저개발 국가에서는 백신이 크게 부족했습니다. 한 번도 백신을 맞지 못한 사람들이 수두룩했습니다.

어쩔 수 없는 일이 아니냐고 생각하는 분도 계실 겁니다. 자국의 이익을 중시하고, 자국민 보호를 최우선 순위로 두는 것은 당연한 일 아니냐고요. 가난한 나라에 백신을 지원하지 않은 점은 아쉽지만, 당장 자기 나라부터 감염병 확산을 차단하고 싶었을 테죠. 비난받을 행동이 아닙니다. 하지만 이렇게 좁은 시야로 눈앞에 닥친 일을 해결하는 데만 급급하다 보니 결국 큰 문제가 발생했습니다. 변이 바이러스들이 어디에서 시작됐습니까? 대부분 저개발 국가에서였습니다. 오랫동안 우세종의 자리를 차지한 오미크론 변이도 아프리카의 보츠와나에서 처음 발견됐죠. 아직 코로나19가 사라진 것이 아니기 때문에, 모든 나라에 백신이 빠짐없이 공급되지 못하고 집단면역이 형성되지 못하면 언제 다시 새로운 변이 바이러스가 생겨날지 모릅니다. 가난한 나라에서 발생한 돌연변이가 다시 부자 나라를 위협하는, 그런 상황이 또 올지 모르죠.

이는 오늘날 전 세계가 밀접하게 연결되어 있어 생기는 현상입니다. 팬데믹 당시 우리나라에서도 외국인의 입국을 통제하는 등 여러 조치를 취했지만 어디 통제가 성공했나요? 전 세계가 촘촘하게 얽혀 있는 현대 사회에서 질병은 단 하루 만에도 지구 반대편까지 퍼질 수 있습니다. 자국만 보호해 봤자 소용없는 것이죠. 전 세계가 모두 안전해지기 전까지는 그 어떤 나라도 완전히 안전해질 수 없습니다. 이것이 명백한 현실입니다. 질병뿐이 아닙니다. 어떤 나라가 통제 불가능한 초지능 AI를 개발했다고 합시다. 또, 테러리스트들이 AI를 활용해 강력한 바이러스를 만들었다고 합시다. 그 영향이 특정한 나라에만 미칠까요? 정보 네트워크를 통해 전 세계로 퍼질 겁니다. 그런데 이 점을 생각하지 못하고 각 나라들은 자국을 지키는 데만 힘을 쏟고 있습니다. 국제 협력을 위한 다양한 노력이 이루어지고 있지만 자국 중심주의 행태는 여전합니다. 범인류적 어젠다를 이끌 국제적인 리더십도 보이지 않고요. 멀리 생각하지 않은 탓에 가까운 근심이 생겼음에도 여전히 멀리 생각하려 하지 않습니다. 이러한 자세를 바꾸지 않으면, '넥스트 팬데믹' 또는 '전염병 X'가 닥쳤을 때, AI가 폭주했을 때 인류는 더욱 혹독한 시련을 겪게 될 것입니다.

> ## 침묵하지 않는 용기
>
> "의로움을 보고도 행동하지 않음은 용기가 없는 것이다."
>
> 見義不爲, 是無勇也
>
> ◦〈위정爲政〉편

사회적으로 논란이 되는 이슈들에는 흔히 '과학'이 함께 등장하곤 합니다. 자신들의 주장을 강화하고 그를 통해 지지자를 결집하려면 주장에 힘을 실어 줄 '과학적 근거'가 필요하거든요. 반대 진영의 논리를 공격하기 위해서도 마찬가지죠. 이때 양쪽 진영은 '과학자'들을 등장시켜 가며 치열하게 대립하기도 합니다.

그런데 궁금합니다. 과학은 객관을 추구하는 학문인데 어떻게 서로 다른 주장의 근거로 활용될 수 있을까요? 적어도 같은 사안에 대한 과학적 판단은 같아야 하지 않나요? 물론, 아직 연구가 끝나지 않은 문제라면 그럴 수 있죠. 장점에 주목하느냐 아니면 단점을 우려하느냐에 따라 주장하는 바가 달라질 수도 있습니다. 예를 들어 GMO라 부르는 유전자 변형 식품, 원자력, 생명 복제 기술, 기후 위기, AI 등의 문제가 그렇습니다.

하지만 이 문제들을 '진정한 과학적 논쟁'으로 이어 가려면 꼭 필요한 게 있습니다. 논쟁 참여자, 특히 과학자들이 자신에게 불리한 사실도 말할 수 있어야 한다는 겁니다. 자기주장을 뒷받침하거나 자기 이론에 부합하는 사례뿐 아니라 반대되는 사례, 예외적인 가능성에 대해서도 솔직하게 공개해야 합니다. 그래야 선동과 왜곡을 벗어나 진짜 토론이 이루어질 수 있습니다. 물론 쉽진 않습니다. 사람은 자기에게 돌아올 불이익을 염려하여 불리한 점을 외면하고 감추기 마련이니까요. 게다가 우리 사회는 솔직한 사람에게 관대하지 않습니다. 자신이 속한 집단과 다른 의견을 표하면 '배신자'라는 비난을 받는 일도 있습니다.

그래서 많은 사람이 침묵을 선택합니다. 잘못되었다는 것을 알면서도 눈을 감고 귀를 닫고 몸을 웅크립니다. 공자는 이러한 태도를 "의로움을 보고도 행동하지 않음은 용기가 없는 것이다"라며 꾸짖습니다. 무엇이 옳은지 그른지를 안다면 가만히 있지 말라는 겁니다. 이는 객관 지식을 탐구하고 진리를 추구하는 지식인이나 과학자에게 더욱 요구되는 자세입니다.

끊임없이 반론을 던지고 오류를 점검할 의무가 있으니까요. 공자뿐 아니라, 서유럽 르네상스의 문을 열었다고 평가받는 이탈리아의 시인 단테도 '침묵하는 비겁자'에 일갈한 바 있습니다. 그의 저서 《신곡》에서 단테는, 이런 영혼은 지옥에도 떨어지지 못한 채 아케론강 강변에서 벌떼의 공격을 받아 피 흘리고 구더기에게 생살을 파먹히는 고통을 당한다고 말합니다. 침묵이 그렇게까지 큰 죄인지 의아하겠지만, 옳은 일을 위해 용기 내어 행동하지 않는 사람은 악을 저지른 것과 마찬가지라는 준엄한 경고입니다.

올바른 경쟁의 필요조건

공자께서 말씀하셨다. "군자는 경쟁하는 것이 없지만 활쏘기에서 만큼은 경쟁한다. 군자가 활쏘기 할 때는 상대방에게 읍하고 사양하며 당堂 위에 올라갔다가 활을 쏜 뒤에는 당을 내려와 이긴 자가 읍하면 진 자가 벌주를 마시니, 이러한 경쟁이 군자다운 경쟁이다."

子曰, 君子無所爭, 必也射乎! 揖讓而升, 下而飮. 其爭也君子.

◦ 〈팔일八佾〉편

우리 사회에 만연해 있는 것 중 하나가 '경쟁'일 겁니다. 학교에서, 직장에서, 사회에서 개인이 이룬 성취가 '점수'와 '등수'로 상대 평가되고, 그 결과가 삶에 큰 영향을 주다 보니 우리는 평생을 치열하게 경쟁하며 살아가고 있습니다. 물론 '경쟁' 자체가 나쁜 것은 아닙니다. 좋은 성과를 거두기 위해 자신의 역량을 향상하고 장점을 강화하는 과정에서 개인뿐 아니라 집단도 함께 발전할 수 있으니까요.

문제는 경쟁이 과도하다는 겁니다. 모든 일을 경쟁으로 해결하려는 '경쟁 만능주의'가 심화하면서 사람들은 수단과 방법을 가리지 않고 상대를 이기려 듭니다. 가진 재산과 힘에 따라 경쟁의 출발점이 다른 것도 문제입니다. 이로 인한 갈등으로 사람들 사이의 협력은 점점 더 어려워지고 있습니다.

어떻게 해야 이러한 상황을 해결할 수 있을까요? 공자가 말한 활쏘기의 예를 보겠습니다. 활쏘기는 무예를 겨루면서도 상대를 다치게 할 걱정이 없는 종목입니다. 검술이나 창술은 상대방과 직접 맞부딪쳐 싸워야 하지만 궁술은 각자 과녁에 맞히기만 하면 되니까요. 게임의 규칙이 명확하고 승패도 객관적으로 쉽게 가릴 수가 있습니다. 군자는 이처럼 공정한 경쟁이 가능한 종목에서만 경쟁한다는 겁니다. 또한 활쏘기는 상대방에게 예의를 갖추며 진행됩니다. 결과가 나오면 승자가 패자에게 정중히 인사하고, 패자는 승자를 축하하는 술을 마시죠. 정정당당하게 승부를 가린 상대를 존중하는 겁니다. 공자는 이런 이유에서 활쏘기야말로 올바른 경쟁이라고 보았습니다.

자, 활쏘기에서 공자가 짚은 이 '공정함'과 '존중'이라는 두 키워드. 어떤가요? 이것만으로 현재 우리가 겪고 있는 경쟁 사회의 폐단을 극복할 순 없겠지만 최소한 지금보다는 낫게 만들 수 있지 않을까요?

바른 것이
바른 이름을 갖도록

이름이 바르지 않으면 말이 순조롭지 못하고, 말이 순조롭지 못하면 일이 이루어지지 않으며, 일이 이루어지지 않으면 예악이 일어나지 못하고, 예악이 일어나지 못하면 형벌이 알맞지 않고, 형벌이 알맞지 않으면 백성이 손발을 둘 곳이 없게 된다. 군자는 이름을 붙이면 반드시 말할 수 있으며, 말할 수 있으면 반드시 행할 수 있으니, 군자는 자신이 한 말에 대해 구차함이 없을 뿐이다.

名不正則言不順, 言不順則事不成. 事不成則禮樂不興, 禮樂不興則刑罰不中, 刑罰不中則民無所措手足. 故君子必可言也, 言之必可行也君子於其言, 無所苟而已矣.

○〈자로〉편

    공자가 위나라 군주로부터 초빙되자 자로가 물었습니다. "장차 위나라에 가시면 무엇부터 바로잡으시겠습니까?" 공자가 대답합니다. "반드시 이름을 바로잡을 것이다." 자로가 어이없어 하며 말했습니다. "이러실 줄 알았습니다. 선생님께서는 세상 물정을 너무 모르십니다. 도대체 어떻게 하신다는 겁니까?" 국정을 안정시키고 백성을 평안하게 만들기 위해서는 시급히 처리해야 할 과제가 산적해 있는데, 공자는 겨우 이름이나 바로잡는다 하고 있으니 한가로운 소리로 들린 겁니다.

앞선 인용문은 이에 대한 공자의 대답입니다.

이름이 발라야 한다, 이름을 바로잡는다, 이렇게만 보면 무슨 소린지 잘 와닿지 않을 겁니다. 이 말은 공자의 '정명正名' 사상을 잘 보여 주는데요, 이름과 실상이 부합해야 한다는 말입니다. 이 세상의 모든 것들이 이름에 걸맞은 역할을 해야 하고, 이름에 필요한 것들을 갖추고 실천해야 한다는 거죠. 예컨대 '과학'이란 이름은 '과학'이라 부를 수 있는 수많은 '실상'을 포함하고 있습니다. 객관성, 논리성, 반증 가능성 같은 것이죠. 그런데 실제로는 과학적이지 못하면서 과학적인 것처럼 주장하거나 수용되는 것들이 있습니다. 이른바 '유사과학'이라 불리는 것들인데요, '창조과학'이 대표적입니다. 창조과학을 주장하는 사람들은 진화론을 부정하고 창조론을 과학적으로 증명하겠다며 '열역학 제2법칙'까지 왜곡하여 동원했습니다. 열역학 제2법칙이란 고립계에서 엔트로피, 즉 무질서도의 변화는 항상 증가하는 방향으로 일어난다는 것인데요, 이처럼 사물은 질서에서 무질서로 진행하는데 어떻게 진화가 가능하냐는 게 창조과학자들의 논리입니다. 하지만 이들은 열역학 제2법칙의 '고립계'라는 전제를 무시하고 있습니다. 생명은 고립계가 아니거든요. 우리가 살아가는 지구라는 행성도 그렇고요. 얼마든지 무질서에서 질서가 생겨날 수 있습니다. 종교의 영역인 창조론에 과학이란 이름을 붙여 강변하려다 보니 왜곡된 논리가 만들어진 거죠. 이름이 바르지 않아서 말이 순조롭지 못하고 일이 이루어지지 않은 사례라 할 수 있습니다.

또한 '이름을 바로잡는 것'은 명분을 바르게 세우는 일과도 관련이 있습니다. 다음 글을 보겠습니다. "이번 비상조치는 결코 한낱 정권의 입장에서가 아니라, 국권을 수호하고 사상과 이념을 초월한 성실한 대화를 통해 전쟁 재발의 위험을 미연에 막고, 나아가서는 5000만 민족의 영광스러운 통일과 중흥을 이룩하려는 실로 우리 민족의 운명과도 직결되는 불가피한 조치라고 확신합니다." 1972년 10월 17일 당시 박정희 대통령이 '10월 유신'을 시행하며 발표한 특별 선언의 일부입니다. '국권 수호' '전쟁 방지' '민족 통일과 중흥'이란 명분을 내세우고 "한낱 정권의 입장에서가 아니라"라고 강조했지만, 과연 그랬나요? '유신維新'이란 이름은 《시경詩經》〈대아大雅〉 편에서 유래했습니다. 나라를 새롭게 혁신하고 개혁한다는 의미입니다. 1972년의 '유신'이 과연 그 이름에 부합했나요? 권력을 유지하기 위한 정치적 목적에 억지로 붙인 게 아니었나요?

이렇게 거창한 역사적 사건을 끌어오지 않더라도, 우리는 일상에서 '명분이 부족하다' '명분이 있어야 한다'는 말을 자주 사용하곤 합니다. 내 주장에 힘을 싣기 위해서, 혹은 비판이나 공격을 받지 않기 위해서 명분을 내걸죠. 하지만 실상과 부합하지 못하는 경우가 태반이잖아요. 그리되면 당장 말이 순조

로워지지 못하죠. 거짓말하고, 왜곡하고, 우기다가 결국엔 일을 어그러트립니다. 공자는 바로 이걸 바로잡겠다는 겁니다. 바르지 못한 것이 바른 이름을 갖는 일이 없도록, 바른 것이 명실상부하게 바른 이름을 갖도록, 그렇게 만들겠다는 거예요. 그것이 좋은 세상을 만드는 핵심이라고 여겼던 거죠.

> ## 착한 거짓말은
> 없다
>
> 공자께서 말씀하셨다.
> "누가 미생고를 정직하다 말하는가? 누군가 식초를 빌려달라고 하자 그것을 이웃에서 빌려다 주었도다."
>
> 子曰, 孰謂微生高直? 或乞醯焉, 乞諸其鄰而與之.
>
> ◦〈공야장公冶長〉편

앞 구절은 이해가 잘 가지 않는 분도 계실 겁니다. 왜 공자는 미생고가 정직하지 못하다고 비판하는 걸까요? 누군가의 부탁에 응해 친절하게 행동했을 뿐인데요. 여기서 문제가 되는 건 미생고가 베푼 친절이 아니라, 그 과정에서 거짓말을 했다는 점입니다. 미생고는 식초를 빌리러 온 사람에게 나도 가지고 있지 않다고 솔직히 털어놓지 않았습니다. 그러고는 몰래 이웃집에 가서 빌렸죠. 만약 이 사실을 그 사람이 알았다면 어땠을까요? 미생고가 고맙긴 하겠지만 그 이상으로 미안하고 부담스러웠을 겁니다.

또한 미생고는 식초를 빌리면서 아마도 자기가 쓸 거라고 얘기했을 겁니다. 당시에는 식초가 매우 귀했는데, 이웃이 알지도 못하는 미생고의 지인을 위해 식초를 빌려 줄 이유는 없으니까요. 친절을 베풀기 위해서였다고는 하나 어쨌든 이웃에게도 거짓말을 한 겁니다.

물론 미생고가 비난받을 만한 잘못을 한 건 아닙니다. 설령 다른 의도가 있었다고 해도 타인에게 친절을 베푼 점은 평가해 줘야 합니다. 거짓말을 했다고 해도 누구에게 피해를 주지 않은 사소한 일이고요. 하지만 공자는 이러한 작은 허위도 위험하다고 보는 겁니다. 내가 부탁을 들어줄 수 없는 상황이라면 솔직하게 말하고 거절했어야 합니다. '친절'을 위한 거짓을 예외로 인정하다 보면, 어느새 그 예외가 당연한 것이 되고 예외의 범위도 점점 늘어나게 됩니다. 또한 이 일이 드러나면 식초를 빌리러 온 사람과 식초를 빌려준 이웃 모두 미생고를 믿지 못하게 되겠죠. 서로 간의 신뢰가 사라지는 것, 공자는 바로 이 점을 우려한 겁니다.

3부

관계

: AI 시대, 그럼에도 변하지 않는 것들

사람은 혼자 살아갈 수 없습니다. 공동체 속에서 태어나고 성장하며 자아를 실현합니다. 그 과정에서 다양한 관계를 맺게 되죠. 부모 자식, 형제, 친척처럼 내가 선택할 수 없이 '주어지는' 관계도 있고 부부, 친구, 스승과 제자, 직장 동료, 상사와 부하 같이 내 선택을 토대로 '만들어 가는' 관계도 있습니다. 이 모든 관계가 모여 '나'라는 정체성을 만들고, 내 삶의 전제 조건이 됩니다. 따라서 행복이든 성공이든, 아니 그 무엇을 위해서든 관계를 잘 맺고 가꿔 가는 일이 무엇보다 중요합니다.

공자는 '관계'를 매우 중시했습니다. 공자는 "예를 모르면 온전한 인간으로서 홀로 설 수 없다(〈태백〉 편)"라고 단언할 만큼 '예'를 강조하는데요. 예란 본래 '하늘의 이치'를 인간 세상에 구현하기 위해 지켜야 할 형식이나 절차, 갖추어야 할 태도를 말합니다. 즉 도덕적 이상 사회 건설의 기초가 되는 것이 '예'입니다. 그런데 이렇게 말하면 뭔가 아주 거창해 보이죠. 나와는 상관없는 심오한 말처럼 들립니다. 하지만 '예'는 일상생활과 밀접하게 관련되어 있습니다. 특히 나를 둘러싼 인간관계와요. 공자가 말하는, 그리고 유교에서 말하는 '하늘의 이치'는 인간의 관계 윤리를 통해 확인할 수 있거든요. 부모가 자식을 키우는 '자애로움', 자식이 부모를 섬기는 '효도', 임금과 신

하 간의 '의리', 신하가 임금에게 바치는 '충성', 친구 간의 '믿음'
은 곧 '하늘의 이치'가 인간사에 투영된 것으로, 인간은 이런
가치들을 가꾸고 완수함으로써 '하늘의 이치'를 구현해 갈 수
있다고 공자는 생각했습니다. '예'가 인간관계의 규범, 예절, 매
너라는 의미로도 사용되는 것은 그래서입니다.

《논어》에는 이와 관련한 이야기들이 많이 등장합니다. 임
금, 부모님, 친구 등 타인과 어떻게 관계를 맺어야 하는지, 어
떤 마음가짐과 태도가 필요한지, 또 무엇을 조심해야 하는지
를 당부합니다. 그 이야기들이 주는 교훈의 가치는 아무리 과
학 기술이 발전하고 시대가 바뀌어도 달라지지 않는다고 생
각합니다. 3000년 전과 지금을 비교할 때, 부모 자식의 관계가
변했습니까? 환경이 달라지고 현실에서 드러나는 세부적인
양상이 변했을지언정 본질은 같습니다. 공자가 말하는 인간관
계의 기본 원리가 오늘의 우리에게도 여전히 유효한 이유입니
다. 공자는 사람이라면 마땅히 지켜야 할 기본을 말하고 있으
니까요. 그래서 이 책이 'AI 시대의 논어 읽기'라는 방향성을 갖
고 있긴 하지만, 이번 '관계' 장에서는 AI, 과학 기술과 연결하
기보다는 시대를 관통하는 관계의 원리를 소개하는 데 중점을
두었습니다.

물론 새롭게 등장한 관계도 있죠. 오늘날 인간이 관계 맺는 것은 인간뿐이 아닙니다. 인간은 기술, 기계, 정책과 같은 비인간적 요소와도 밀접하게 연결되어 있습니다. 이러한 요소들은 인간에게 새로운 가능성을 열어 주기도 하지만 동시에 인간을 제약하기도 합니다. 인간이 특정한 방식으로 행동하도록 강제하기도 하죠. 스마트폰을 떠올려 보십시오. '포노 사피엔스Phono Sapiens'라는 용어가 생겨날 정도로, 이제는 우리 몸의 일부처럼 되어 버린 스마트폰은 인간에게 막대한 영향을 주고 있습니다. 그런 의미에서 '비인간' 역시 관계의 측면에서 고려해야 할 중요한 상대입니다. 공자는 현대의 과학 기술을 몰랐는데, 어떻게 비인간과의 관계에도 공자의 당부를 적용할 수 있는지 의문이 드실 수도 있지만, 우리가 비인간과 네트워크를 형성할 때 가장 중요한 것이 무엇이겠습니까? 인간의 존엄과 가치를 지키면서 관계를 구축하는 것입니다. 바로 그 지점에서 공자의 역할이 있다고 생각합니다. 이번 장은 그에 관한 이야기입니다.

사랑한다면 수고롭게

공자께서 말씀하셨다.
"사랑한다면서 수고롭게 하지 않을 수 있겠는가? 진심으로 대한다면서 깨우쳐 주지 않을 수 있겠는가?"

子曰, 愛之, 能勿勞乎? 忠焉, 能勿誨乎?

○〈헌문憲問〉편

여기 두 부모님이 있습니다. 한 부모님은 쥐면 부서질세라, 불면 날아갈세라 오냐오냐하며 자식을 키웁니다. 자식이 스스로 해야 할 일을 대신 해 주고 자식이 잘못해도 무조건 감쌉니다. 이에 비해 다른 부모님은 자식에게 엄격합니다. 자식이 다양한 경험을 쌓으며 스스로 문제를 해결해 나갈 수 있도록 합니다. 그 과정에서 자식이 힘들어하더라도 곧바로 손을 내밀진 않습니다. 묵묵히 지켜보며 혼자 힘으로 극복하길 기다리죠.

자, 여기서 누가 진정으로 자식을 사랑하는 부모일까요? 두 부모님 모두 자식을 사랑하겠지만, 어떤 사랑이 자식에게 도움이 되냐고 묻는다면 전 주저하지 않고 후자를 꼽을 겁니다. '사랑한다면서 수고롭게 하지 않는 사랑'은 몸을 편하게 만들어 줄지는 몰라도 자식을 성장시키지 못합니다. 더 나은 내일을 만들기 위해 오늘의 수고로움을 감수하는 법을 알려 주는 것, 이것이 진정한 '부모의 사랑'이라고 생각합니다. 비단 부모와 자식 사이뿐만 아닙니다. 스승과 제자, 형과 동생, 선배와 후배, 상사와 부하 관계에서도 마찬가지입니다.

그렇다면 앞의 인용문에서 "진심으로 대한다면 깨우쳐 주지 않을 수 있겠는가?"라는 말은 무슨 뜻일까요? 한자로 '충忠'이라고 되어 있어서 보통 신하가 임금에게 보여야 할 태도로 해석되곤 합니다만, 그러면 요즘 세상과는 관련 없는 이야기처럼 느껴지죠. 본래 '충'은 가운데 '중中'과 마음 '심心'이 합쳐진 글자로, 마음의 중심을 세우는 것을 뜻합니다. 치우치지 않고 정성스럽게 마음을 다하는 것, 즉 '진심'을 가리킵니다. 요컨대 내가 진심으로 섬기고, 존중하고, 사랑하는 존재가 모두 '충'의 대상입니다. 그런 존재에겐 그저 듣기 좋은 말만 해서는 안 된다는 겁니다. 잘못했으면 감싸지 말고 일깨워 주라는 거죠. 설령 상대가 언짢아하고 노여워할지라도 말입니다. 이것이야말로 진정으로 그 사람을 사랑하는 길이고, 진정으로 그 사람에게 충성하는 방법입니다.

틀렸다고
말할 수 있는 용기

염유가 말하였다. "계손이 하려는 것이지 저희 두 사람은 모두 원치 않았습니다." 공자께서 말씀하셨다. "구求야. 주임周任이 말하길, '능력을 펼쳐 벼슬에 나갔는데 제대로 할 수 없다면 그만두어야 한다'라고 하였다. 군주가 위태로운데도 붙잡아 주지 못하고 넘어지는데도 부축해 주지 못한다면 장차 그런 신하를 어디에다 쓰겠느냐?"

冉有曰, 夫子欲之, 吾二臣者, 皆不欲也. 孔子曰, 求? 周任有言曰, 陳力就列, 不能者止 危而不持, 顚而不扶, 則將焉用彼相矣?

○〈계씨季氏〉편

    이 이야기는 배경 설명을 조금 해야 할 것 같습니다. 공자의 제자 염유와 자로가 계손씨 가문의 참모로 활동할 때의 일입니다. 계손씨는 공자의 조국 노나라의 으뜸가는 유력 가문인데요, 계손씨의 우두머리 계강자季康子가 노나라의 속국인 전유顓臾를 정벌하겠다고 나섰습니다. 자기 영지를 늘리기 위해서였죠. 이를 알게 된 공자가 두 제자를 불러서 왜 말리지 않고 가만히 있었냐며 야단친 겁니다. 노나라 임금의 신하인 계손씨가 같은 신하인 전유를 제멋대로 공격한 것은 임금을 무시하는 행동이라는 이유였습니다. 이에 염유가 앞서와 같이 변명한 것이고, 공자는 주군을 바로잡지 못하는 신하는 쓸모가 없다며 화를 낸 거죠. 신하의 역할과 자세에 관한 공자의 생각을 엿볼 수 있는 대목입니다.

일찍이 공자는 "임금은 신하를 예로써 부리고 신하는 임금을 충성으로써 섬겨야 한다(〈팔일〉 편)"라고 하였습니다. 여기서 충성으로 섬긴다는 말은 임금에게 절대복종한다는 뜻이 아닙니다. 군주를 공경하고 그의 지시를 이행하되, 만약 군주가 판단을 잘못하고 옳지 못하게 행동하면 이를 바로잡기 위해 노력하는 것이 곧 충성이라는 겁니다. 임금이 싫어하고 심지어 노여워할지라도 바른말을 해서 임금이 올바른 길을 걷게 만드는 것이 신하로서 할 수 있는 최고의 충성이죠. 이는 임금과 신하 사이뿐 아니라 윗사람과 아랫사람 사이에 고루 적용될 수 있습니다.

그런데 이게 말처럼 쉽진 않습니다. 여러분은 윗사람에게 직언해 본 적 있으신가요? 바로 앞에서 "틀렸습니다" "잘못하셨습니다"라고 지적하실 수 있나요? 바로잡고 싶은 일이 있어도 윗사람이 어렵고 조심스러워서, 혹은 버릇없어 보일까 봐 속으로 삼키는 경우가 많았을 겁니다. 하물며 윗사람이 내 앞날을 좌지우지할 힘을 가지고 있다면요? 그럼에도 굴하지 않고 할 말을 다 할 수 있는 사람은 드물 겁니다.

그렇다고 잘못인 걸 뻔히 알면서도 침묵하면 어떻게 될까요? 조직의 발전에서 보람을 찾고, 조직과 함께 나도 성장하길 바란다면 그래선 안 됩니다. 윗사람을 잘 보좌해 조직을 성공시키고 싶다면 더더욱 그래선 안 됩니다. 불이익을 받을까 봐 두렵고 윗사람의 눈 밖에 날까 봐 무섭더라도 할 말을 해야 합니다. 염유와 자로처럼 상사의 잘못을 바로잡아 주지 못하고 두고만 보는 부하는 결과적으로 상사에게나 조직에나 아무런 도움이 되지 못합니다. 심지어 스스로에게도 마찬가지입니다. 불의를 외면하고 침묵한 부끄러움만 가득 남을 테니까요.

그런데 아랫사람이 이렇게 행동하게 하려면 윗사람의 역할도 중요합니다. 원래 부하가 상사에게 자기 생각을 솔직히 말하기란 어렵습니다. 하물며 권위적이고 포용력이 부족한 상사라면 더 말할 필요도 없겠죠. 그런 사람 밑에는 아부하려는 '예스맨'밖에 남지 않습니다. 그건 상사 자신에게도 전혀 도움이 되지 않는 일입니다. 따라서 윗사람이라면 어떻게든 아랫사람의 직언을 경청하고, 좋은 의견을 들으면 받아들이고 따르고자 노력해야 합니다. 윗사람의 처지에서 부끄럽고 체면이 깎인다는 생각이 들 수도 있습니다. 때로는 아랫사람이 무례하게 느껴져 화가 날 수도 있을 겁니다. 그렇더라도 차분히 마음을 가라앉히고 부하의 말에 귀 기울이려고 노력해 보십시오. 그래야 내 잘못을 바로잡는 기회를 만날 수 있습니다. 좋은 부하를 얻게 되는 건 당연하고요.

완벽한 사람은 없다

한 사람에게 모두 다 갖추어져 있길 요구하지 않는다.

無求備於一人.

º〈미자〉편

세상에 완벽한 사람은 없습니다. 누구에게나 서툰 면, 부족한 점이 있기 마련이죠. 그런데 우리는 종종 상대방이 완벽하길 기대하는 것 같습니다. 누군가와 새로운 관계를 맺을 때, 상대방의 부족한 점을 떠올리며 망설이곤 하잖아요. 저 사람은 일은 잘하는데 성격이 별로야. 저 사람은 이 일은 잘할지 몰라도 다른 일에는 소질이 없어. 저 사람은 참 착한데 일머리가 부족해. 저 사람은 고집이 세고 자기주장이 너무 강해. 저 사람은 본인 생각만 옳다고 여겨. 이런 식으로 그 사람의 부족한 점을 지적하며 주저합니다.

이러한 반응이 나오는 이유는 나도 모르게 상대방이 완전해야 한다고 전제하기 때문입니다. 모든 걸 다 갖춘 사람, 장점만 있는 사람은 단언컨대 존재하지 않습니다. 그런데도 흠이 없는 사람을 찾으려 한다면 실망만 거듭할 뿐입니다. 단점을 지적하고 허물을 끄집어내느라 에너지도 낭비하겠죠. 그러니 상대의 장점부터 볼 줄 알아야 합니다. 단점을 외면하라는 뜻이 아닙니다. 그 사람의 장점을 우선 살핀 뒤에, 단점과 함께 종합적으로 고려해 어떻게 해야 그 사람과 좋은 관계를 맺을 수 있을지, 그 사람과 함께 최선의 결과를 낼 수 있을지 고민하라는 겁니다. 만약 완전무결한 사람만 찾게 되면 우리는 어떠한 관계도 성공할 수 없습니다.

> ## 내가 하기에
> 달렸다
>
> 공자께서 말씀하셨다.
> "사람이 도를 넓히는 것이지, 도가 사람을 넓히는 것이 아니다."
>
> 子曰, 人能弘道, 非道弘人
>
> ◦ 〈위령공〉 편

아무리 훌륭한 가르침이 있더라도 사람이 그것을 배우고 실천하지 않으면 소용이 없습니다. 가르침에 생명력을 부여하는 것은 사람입니다. 아무리 뛰어난 제품이 있더라도 사람이 그 기능을 제대로 활용하지 못하면 의미가 없습니다. 사용자가 누구냐에 따라 제품의 활용도는 완전히 달라집니다.

이 교훈은 우리가 비인간적 요소들과 관계를 맺을 때도 적용할 수 있습니다. 기술은 기본적으로 중립적입니다. 사람이 어떻게 활용하느냐에 따라 이로움이 극대화될 수도 있고, 많은 폐단을 양산할 수도 있습니다. 예컨대 3D 프린터를 생각해 보죠. 초기에 플라스틱 소재의 시제품을 생산하던 3D 프린터는 이제 음식을 만들고 인공 장기를 프린트하는 수준에 도달했습니다. 하지만 문제도 생겨났습니다. 3D 프린터를 이용해 다른 나라의 첨단 기술을 복제하는 등 지적 재산권을 침해하는 일이 잦아진 거죠. AI를 활용한 딥페이크 기술은 또 어떤가요? 최근 화제가 됐던 수의 차림의 독립운동가들에게 고운 한복을 입혀 드린 영상, 퇴학당한 학생 독립운동가가 졸업사를 하는 영상 등은 딥페이크 기술을 좋은 방향으로 이용한 사례입니다. 반면 가짜 뉴스를 퍼트리기 위해 이 기술을 악용하기도 하죠.

요컨대, 좋은 관계를 맺을 수 있을지의 여부는 우리의 손에 달린 겁니다. 도가 사람을 넓히는 것이 아니라 사람이 도를 넓히는 것이듯, 기술이 우리를 풍요롭게 만드는 것이 아니라 우리가 기술을 풍요롭게 만드는 것입니다.

그는 무엇을 편안하게 생각하는가

공자께서 말씀하셨다.
"그 하는 것을 보고, 그 말미암은 이유를 살피며, 편안히 여기는 바를 본다면, 그 사람이 어찌 자신을 숨길 수 있겠는가?"

子曰, 視其所以, 觀其所由, 察其所安, 人焉廋哉? 人焉廋哉?

○〈위정爲政〉편

우리는 다른 사람과 긴밀하게 관계를 맺으며 살아갑니다. 정서적으로 교류할 뿐만 아니라 함께 팀을 이뤄 구체적인 일을 해 나가죠. 어떤 사람을 만났느냐가 나의 성공과 실패에 큰 영향을 주기도 합니다. 그러니 나 자신을 위해서라도 사람을 파악하는 일이 정말 중요할 수밖에 없습니다. 좋은 사람을 가까이에 두고 나쁜 사람은 멀리 해야 하니까요.

문제는 상대가 어떤 사람인지를 어떻게 아느냐는 거겠죠. 사람을 파악하는 일이 쉬웠다면 상대방 때문에 골머리를 앓는 일은 드물었을 겁니다. 상대방 때문에 당황하는 일도, 실망하거나 배신당하는 일도 별로 없었을 겁니다. 하지만 현실은 그렇지 못합니다. 그래서 심리학에서는 사람을 살피는 다양한 방법을 제시해 왔습니다. 동양에서도 오래전부터 이와 관련한 가르침이 전해 오는데, 앞에 소개한 《논어》의 〈위정〉 편 속 구절에서도 확인할 수 있습니다.

먼저 '그 하는 것을 본다'란, 외부로 드러난 그 사람의 행동을 관찰하라는 겁니다. 행동이 올바른지 아닌지를 보면 어느 정도 사람됨을 파악할 수 있다는 거죠. 그런데 속마음과 행동이 다를 때도 있잖아요. 위선자여서, 혹은 이익 때문에 착한 척할 수 있습니다. 반대로 선한 사람이 어떤 이유가 있어 나쁜 행동을 할 수도 있죠. 공자가 '그 말미암은 이유를 살피라'고 말한 것은 그래서입니다. '저 사람이 저렇게 행동한 이유가 무엇일까'를 곰곰이 생각하다 보면 그 사람을 더욱 잘 이해할 수 있게 된다는 거죠.

여기에 공자는 한 가지를 더 추가합니다. '편안히 여기는 바를 보라'는 말은, 무엇을 할 때 즐거워하는지 또는 누구와 있을 때 편안해하는지를 보면 그 사람의 성향을 알 수 있다는 말입니다. 그가 무엇을 갈구하고 욕망하는지, 언제 만족감을 느끼는지를 살피면 그 사람이 좇는 바를 알게 된다는 것이죠.

한데 이 세 가지를 다 살폈다고 해서 누군가를 잘 안다고 자신해서는 안 됩니다. 일찍이 중국 당나라 때 시인 백거이는 "옥은 사흘만 불에 넣어 보아도 품질을 알 수 있지만 사람은 7년은 족히 기다려야 가릴 수 있다"라고 말했습니다. 아니, 7년도 부족할 수 있습니다. 수십 년 넘게 믿고 의지하던 사람에게 뒤통수 맞는 일도 있으니 말입니다. 여러분도 오랫동안 알고 지내 온 사람이, 그래서 내가 잘 안다고 생각했던 사람이 전혀 예상 밖으로 행동한 경험이 있을 겁니다. "아니, 저런 모습이 있었어?"라고 놀라거나 당황했던 일들, 다들 경험해 보셨을 겁니다. 그러므로 공자의 이 말은 한 번에 판단하고 결론을 내라는 것이 아니라 꾸준히 계속 상대를 살펴보라는 당부로 이해해야 합니다.

또한 공자의 말은 그 사람이 좋은 사람인지 나쁜 사람인지를 판가름할 때만 쓰이는 것이 아닙니다. 누군가와 친해지고 싶다면 그 사람의 성향을 파악해야 하죠. 그럴 때 그가 어떻게 행동하는지, 그렇게 행동하는 이유는 무엇인지, 그가 편안하게 생각하고 즐기는 것은 무엇인지를 파악하는 것만큼 효과적인 방법은 없지 않을까요?

상대가 원하기 전에
먼저 살피는 마음

악사 면冕이 공자를 뵈러 왔을 때 그가 계단에 이르자 공자께선 "계단이 앞에 있습니다"라 하셨고, 그가 앉을 자리에 이르자 공자께선 "그곳에 앉으시면 됩니다"라 하셨고, 모두가 좌정하자 공자께선 "아무개가 여기에 있고 아무개는 저기에 있습니다"라고 일러 주셨다.

師冕見及階, 子曰階也, 及席, 子曰席也, 皆坐, 子告之曰, 某在斯, 某在斯.

◦ 〈위령공〉 편

    어떤 드라마에 나오는 대사입니다. "장애가 있는 사람을 볼 때 어떻게 해야 하는지 학교, 집 어디에서도 배운 적이 없어요. 이런 상황에서 내가 어떻게 해야 하는 게 맞는지 몰랐다고요." 최근 들어 조금 나아지고 있긴 하지만 우리 사회에서 장애인은 여전히 약자이고, 편견과 차별에 시달리는 피해자입니다. 한데 장애인을 어떻게 대해야 할지 몰라 그들에게 의도치 않은 상처를 주는 경우도 제법 많은 것 같습니다.

    공자의 시대에도 이런 고민을 하는 사람들이 많았는지, 〈위령공〉 편에는 장애인을 대하는 태도와 관련된 일화가 나옵니다. 내용을 보겠습니다. 시각 장애인인 악사 면이 공자를 만나기 위해 방문했습니다. 공자는 밖으로 나가 그를 맞았는데요, 면이 섬돌 아래 이르자 "계단으로 올라오시면 됩니다"라고 말합니다. 안전하게 보행할 수 있도록 방향을 알려 준 겁니다. 이어서 면이 방 안으로 들어서자 "그곳에 앉으시면 됩니다"라며 그가 앉을 자리를 안내했고, 방 안에 있는 다른 사람들을 소개했습니다. 이쪽에 앉은 사람은 누구고 저쪽에 앉은 사람은 누구인지를요. 그걸 알아야 면이 대화할 때 자신이 누구와 이야기하고 있는지를 구분할 수 있을 테니까요.

핵심은 간단합니다. 상대방이 필요한 요소를 헤아려 미리 안내하는 것입니다. 조심할 것은 이러한 행동이 동정이어서는 안 된다는 겁니다. 그러다 보면 과잉 염려나 과잉 친절로 이어지고 상대도 부담스러워하게 됩니다. 자칫 상대방의 자존심을 해칠 수도 있습니다. 공자의 세 가지 행동, 계단이 있으니 조심히 올라오라고 당부하고, 자리를 안내하고, 함께 동석한 사람을 소개하는 일은 비단 시각 장애인이 아니라도, 누구에게나 해도 이상하지 않은 행동입니다. 동시에 시각 장애인에게는 꼭 필요한 도움이 될 수 있는 일들이죠. 공자는 자연스럽게 악사 면에게 필요한 요소들을 챙겨 준 겁니다. 이처럼 상대방을 깊이 존중하고 그로부터 우러나온 배려를 행하는 것, 꼭 장애인이 아니더라도 우리가 타인과 관계를 맺을 때 기억해야 합니다.

유익한 친구, 해로운 친구

공자께서 말씀하셨다. "유익한 친구가 셋이 있고 해로운 친구가 셋이 있다. 정직한 사람을 벗하고 성실한 사람을 벗하며 견문이 넓은 사람을 벗하면 유익하다. 편벽된 사람을 벗하고 부드러운 척하는 사람을 벗하며 말만 그럴싸하게 잘하는 사람을 벗하면 해롭다."

孔子曰, 益者三友, 損者三友, 友直, 友諒, 友多聞, 益矣. 友便辟, 友善柔, 友便佞, 損矣.

○〈계씨〉편

여러분은 어떤 사람과 친구가 되십니까? 무엇보다 나와 맞아야겠죠. 함께 있으면 편안하고, 관심사가 같고, 대화가 통해야 할 겁니다. 배울 점도 있어야죠. 서로를 성장시킬 수 있다면 더할 나위가 없을 겁니다. 그런데 그 친구가 정말 내게 의지가 되고 도움이 되는 사람인지는 어느 정도 시간이 지나야 판단할 수 있습니다.

그렇다면 당장은 좋은 친구가 될지 아닐지 알 수 없으니, 일단 모두 인연을 맺고 지켜봐야 할까요? 그럴 필요는 없습니다. 사귈 사람과 멀리할 사람의 기준을 정해 놓는 것이 좋을 겁니다. 이와 관련하여 공자는 나에게 이로운 친구가 세 가지 유형, 나에게 해로운 친구가 또 세 가지 유형이 있다고 말합니다. 이로운 유형은 이해하기 쉽습니다. 바르고 올곧은 사람, 정성스럽고 진실한 사람, 지식과 경험이 많은 사람입니다. 배울 게 있는 사람인 거죠. 이런 친구는 나를 더 나은 사람이 되도록 이끌어 줄 수 있습니다.

그렇다면 해로운 유형은 누구일까요? 공자는 우선 편벽된 사람을 멀리하라고 당부합니다. 마음이 올곧지 못한 사람과는 사귀지 말라는 겁니다. 대놓고 나쁜 마음을 드러내거나 생각이 치우쳐 있는 사람, 마음이 꼬여 있는 사람은 가려내기 쉽습니다. 조심해야 하는 것은 겉과 속이 다른 사람입니다. 이익을 얻기 위해 속마음과는 다른 말을 하는 사람, 겉으론 바른 척 행동하면서 실상은 그렇지 못한 사람을 친구로 삼았다간 언제 나에게 해를 끼칠지 모릅니다.

다음으로 부드러운 척하는 사람을 벗하지 말라는 것은 줏대가 없는 사람을 피하라는 뜻입니다. 누군가 항상 "너 하자는 대로 따를게" "난 어느 쪽이든 상관없어"라고만 한다고 생각해 보세요. 의견이 다를 때마다 늘 자기주장을 굽힌다면 어떨까요? 참 부드러운 사람이고, 날 위해 양보한다고 느낄 수도 있겠지만 그런 사람은 내게 아무런 보탬이 되지 않습니다. 진짜 친구라면 나를 위해 다른 의견을 내고, 내가 부족한 점을 깨우쳐 주고, 혹시라도 내가 잘못하면 지적해 줄 수 있어야죠. 이런 사람에게선 그런 역할을 기대할 수가 없습니다.

마지막으로 말만 그럴싸하게 잘하는 사람도 멀리해야 합니다. 거창하고 번지르르하게 계획을 이야기하지만 실천할 능력이나 의지가 없는 사람, 현란한 말솜씨로 상대방을 현혹하지만 내실이 따라 주지 못하는 사람, 이런 사람은 나의 성장에 보탬이 되지 않을 뿐만 아니라 오히려 나를 힘들게 할 수 있습니다.

요컨대 친구로 삼을 만한 사람을 고르는 기준은 내가 본받을 점이 있느냐 없느냐를 우선으로 두어야 합니다. 물론 나를 즐겁게 해주냐 아니냐, 나에게 물질적 도움을 줄 수 있느냐 아니냐의 기준으로 친구를 찾을 수도 있습니다. 그런데 그런 친구들과의 관계를 오래 지속할 수 있을까요? 여러분 각자가 고민해 보시기를 바랍니다.

말해야 할 때와
하지 말아야 할 때

말할 때가 아닌데 말하는 것을 조급하다고 하고, 말해야 할 때 말하지 않는 것을 숨긴다고 하고, 안색을 살피지 않고 말하는 것을 눈이 멀었다고 한다.

言未及之而言,謂之躁, 言及之而不言,謂之隱, 未見顏色而言,謂之瞽.

ㅇ〈계씨〉편

'말'에도 타이밍이 있습니다. 서로에게 관심이 이제 막 생길락 말락 할 때 사귀자고 하면 거절당할 가능성이 큽니다. 한창 바쁠 때 휴가 가도 되냐고 물으면 눈치 없다는 소리를 듣겠죠. 직장 상사의 눈에 들어야 한다는 조바심에 준비가 덜 된 기획안을 내밀었다간 대차게 깨질 겁니다. 아직 말할 때가 아닌데 말했다가 벌어지는 일들입니다. 여건이 무르익고 상대방이 내 말에 귀 기울일 수 있을 때, 내가 준비됐을 때 말해야 하는데 조급하게 나섰다가 일을 망치는 겁니다.

말해야 할 때 말하지 않는 일도 피해야 합니다. '고마워요'

'미안해요' 같은 인사를 제때 하는 것도 중요하지만 문제점을 지적하고, 불만을 이야기하고, 자기 의견을 개진하는 일 등이 타이밍을 놓쳐서는 안 됩니다. 한데 귀찮거나 논란을 불러일으키기 싫어서 그냥 넘어가는 경우가 많죠. 말해 봤자 안 들어줄 것 같아서, 또는 현재의 이익을 포기하기 싫어서 침묵하는 일도 있습니다. 이는 자기 마음을 숨기는 겁니다. 마음을 숨기니 내 생각이 어떤지를 상대방이 알 수가 없습니다. 숨긴 마음을 속에 담아 두고 있으려니 자신도 불편해지죠. 그렇게 쌓여 온 불편한 마음이 한순간에 확 터지기도 합니다. 연인의 행동에 불만이 있었지만 싸우기 싫어서 묻어 놓고 있다가 임계점을 넘기는 순간이 있잖아요. 이때 이별을 통보하면 상대방은 당황할 수밖에 없습니다. "마음에 안 드는 게 있었으면 그때마다 얘기를 했어야지, 갑자기 이러면 어떻게 해?"라고 원망하게 됩니다. 말해야 할 때 말하지 않고 숨기면 이처럼 관계가 위태로워질 수 있습니다.

그런데 말할 타이밍을 잘 맞춘다고 하더라도 유의해야 할 점이 있습니다. 메라비언의 법칙 The Law of Mehrabian이란 것이 있는데요, 사람 간의 의사소통에서 시각이 55퍼센트, 청각이 38퍼센트의 중요성을 가지고 있으며 말의 내용은 고작 7퍼센트의 영향을 미친다는 이론입니다. 즉 비언어적 요소가 소통의 93퍼센트를 좌우한다는 거죠. 특히 시각이 매우 높은 비

중을 차지하는데요, 표정, 눈짓, 몸짓, 태도가 여기에 해당합니다. 그런 상황 있잖아요. 입으로는 칭찬하고 있지만 표정은 떨떠름하다거나, 반대로 말로는 잔소리하고 야단치면서도 눈빛은 애정이 어렸을 때가 있죠. 이런 경우에는 공자의 말처럼 그 사람의 얼굴빛을 살펴야 정확한 뜻을 파악할 수가 있습니다. 표정은 보지 않은 채 오로지 말의 내용에만 신경 쓰다 보면 잘못 판단할 가능성이 높습니다.

그런데 요즘 우리는 어떤가요? 상대방과 대면하지 않은 채 비언어적 요소가 제거된 수단을 주로 이용합니다. 이메일이나 모바일 메신저, SNS로 소통하는 경우가 많습니다. 이런 편리한 수단을 포기하고 모든 걸 면 대 면으로 되돌릴 필요는 물론 없습니다만, 비언어적 요소가 제거된 상태에선 오해가 생기기 쉽다는 점은 반드시 유의해야 합니다. 내 의도와 다르게 뜻이 전달될 수 있다는 점을 꼭 기억해 주세요. 텍스트로만 전달하고, 텍스트로만 판단했다가는 크게 후회할 수도 있습니다.

말해야 할 사람과
하지 말아야 할 사람

공자께서 말씀하셨다. "더불어 말할 만한데도 말하지 않으면 사람을 잃을 것이요, 더불어 말할 만하지 않은데도 말하게 되면 말을 잃을 것이니, 지혜로운 자는 사람을 잃지 않고, 또한 말을 잃지 않는다."

子曰, 可與言而不與之言, 失人, 不可與言而與之言, 失言, 知者, 不失人, 亦不失言.

◦〈위령공〉편

흔히들 기회가 언제 찾아올지 모르니 늘 준비하고 있어야 한다고 하죠? 사람도 마찬가지입니다. 내 멘토가 되어 줄 사람이든, 내 친구가 되어 줄 사람이든, 아니면 내 배우자가 되어 줄 사람이든 우리는 언제 귀한 인연을 만나게 될지 모릅니다. 그러니 나에게 다가오는 모든 인연을 진심으로 소중히 여겨야 합니다. 상대로부터 좋은 느낌을 받았고 배울 점이 있다고 판단했다면, "저 사람이 나에게 관심이나 있을까?" "괜히 말 걸었다가 무안을 당하면 어떻게 하지?"라고 걱정하지 말고 먼저 말을 걸어 보십시오. 낯을 가리다가 때를 놓치게 되면 그 사람과 관계 맺을 기회를 영영 잃어버릴지도 모릅니다.

비슷한 맥락에서 평소 눈여겨보던 인재가 나와 함께 일해 보고 싶다는 뜻을 밝혔다면 당장 수락해야 합니다. 부득이 함께할 수 없는 상황이라면 왜 그런지 이유를 자세히 설명해 주어야 합니다. 이도 저도 아닌 채 머뭇거리면 그 인재를 영영 잃게 될 겁니다. 마찬가지로 내 밑에 있는 인재가 불만이 있고 혹은 힘들어하고 있다는 것을 알게 됐다면 당장 불러서 이야길 나눠 봐야죠. 진심으로 경청해 주고 내가 해결해 줄 수 있는 건 해결해 줘야 합니다. 바쁘다는 핑계로 차일피일 미루다 보면 그 인재는 이내 떠나고 말 겁니다.

더는 말을 건넬 필요가 없을 때도 있습니다. 공자는 〈안연〉편에서 "충고해 주고 좋은 길로 이끌어 주려고 해도 벗이 따르지 않는다면 그만두어서 자신을 욕되게 하지 말라"라고 했습니다. 공자가 내 말을 들어주지 않아도 끝까지 곁을 지키라고 말하는 대상은 부모님밖에 없습니다. 임금도 나의 간언을 끝내 받아들여 주지 않으면 떠나도 됩니다. 하물며 친구가 내 말을 듣지 않는다면 더 이상 곁에 있을 필요가 없죠. 괜히 계속 말했다가 원망이나 분노를 사서 내가 상처받는 일은 없어야 합니다. 이밖에도, 아예 대화할 가치가 없는 사람도 있을 겁니다. 간사하고 악독한 사람, 나를 잘못된 길로 이끌 사람에게는 말해 봤자 소용이 없습니다. 심지어 나에게 해가 될 수도 있으니 조심해야 합니다.

　이처럼 말해야 할 사람과 말하지 말아야 할 사람을 잘 구분하여 사람을 잃고 말을 잃는 일이 없어야 한다는 것이 공자의 가르침입니다. 하지만 우리는 이를 잘 지키지 못하거나 때로는 정반대로 행동하기까지 합니다. 깊이 되새겨야 할 부분입니다.

방향이 다르면
함께 걸을 수 없다

공자께서 말씀하셨다.
"뜻이 다르면 함께 일을 도모하지 마라."

子曰, 道不同, 不相爲謀.

◦ 〈위령공〉 편

 정신의학과 심리학의 거장인 알프레드 아들러는 정신분석의 창시자 지그문트 프로이트의 제자였습니다. 그런데 세상과 인간을 바라보는 관점 자체가 달랐던 두 사람은 사사건건 충돌했습니다. 프로이트는 현재의 원인을 과거의 트라우마에서 찾았습니다. 과거의 경험이 현재의 행동을 낳는다는 거죠. 이에 비해 아들러는 과거의 트라우마가 현재의 목적을 달성하기 위한 수단으로 쓰인다고 생각했습니다. 인간의 목적에 의해 과거가 해석된다는 겁니다. 또한 인격 형성과 관련하여 프로이트가 성욕에 주목했다면 아들러는 열등감을 키워드로 삼았습니다. 이렇게 차이가 극명하다 보니 두 사람은 학문적으로 대립하기 시작했고, 이내 자존심 싸움으로 바뀌었다가 종국엔 서로 극단적인 독설을 주고받은 볼썽사나운 모습을 보였습니다.

만약 두 사람이 사제 관계가 아니었더라도 이 지경까지 갔을까요? 아마도 상대방의 학설을 이론적으로 비판하는 데서 그치지 않았을까 생각합니다. '스승과 제자'라는 관계가 어그러지면서 감정이 더욱 극에 치닫다가 결국 원수처럼 되어버린 거죠.

이처럼 생각이 다르고 지향하는 바가 다르면 상대방과 그동안 아무리 좋은 관계를 맺어 왔어도, 상대방의 능력이 뛰어나다고 해도 무언가를 함께 하기가 어렵습니다. 단순히 방법론의 차이라면 대화와 타협을 통해 좁혀 갈 수도 있겠지만 목적지가 다른 이상 자주 충돌할 테고, 끝내 서로 등을 돌리고 말 겁니다.

타의에 의해 강제적으로, 혹은 저 사람과 함께할 때 기대되는 물질적 이익 때문에 억지로 한 팀이 될 수는 있습니다. 그러려면 내 '뜻'을 일정 부분 포기해야 합니다. 목적지를 아예 바꿔야 할 수도 있습니다. 그래도 괜찮을까요? 갈수록 불안해지고 불만이 쌓일 겁니다. 그렇다고 내 뜻을 무조건 관철하겠다며 양보하지 않았다간 그 관계는 빠르게 끝이 나겠죠. 그러니 뜻이 다른 사람과는 아예 함께할 생각조차 하지 않는 것이 좋습니다. 일이 제대로 안 되는 것은 물론이고 서로에게 지울 수 없는 상처를 줄 수 있습니다.

> # 타인은
> # 내가 아니다
>
> ---
>
> 공자께서 말씀하셨다.
> "안평중은 남과 사귀길 잘하는구나. 오래되어도 공경하는구나!"
>
> 子曰, 晏平仲, 善與人交, 久而敬之!
>
> ○ 〈공야장公冶長〉 편

　　어떤 배우가 인터뷰에서 "친했던 사람과 원수도 되는 거지"라고 말하더군요. 듣고선 고개를 끄덕였습니다. 한 번도 본 적 없는 사람인데, 안면만 있는 정도의 사람인데 원수가 되는 일은 없잖아요. 나에게 상처 주고 해를 끼치는 상대는 대체로 내가 무척 잘 아는 사람인 경우가 많습니다. 깊이 신뢰했는데 배신당하고, 오랜 세월 믿고 의지했는데 크게 실망하고, 그러다 원수가 되는 겁니다.

　　이처럼 '원수'라는 극단적인 상황까지 가진 않더라도 우리는 친할수록 상대의 말과 행동에 쉽게 토라지고 화를 내곤 합니다. 가족이나 오랜 친구가 여기에 해당합니다. 왜 그럴까요? 왜 다른 사람이었으면 아무렇지 않았을 행동이, 친한 친구가 했다고 해서 언짢게 다가올까요? 뇌과학자들에 따르면 우리 뇌에는 나를 인지하는 영역이 있고 타인을 인지하는 영역이 있는데, 나와 가깝고 오래된 관계일수록 나를 인지하는 영역 쪽에 저장해 놓는다고 합니다. 상대를 나처럼 생각한다는 것이죠.

안타깝게도 이는 나를 대하듯 상대를 소중히 여긴다는 의미가 아닙니다. 상대가 타인임을 망각한다는 뜻이에요. 내 잣대를 가져다 대고, 내 뜻대로 상대방을 통제하려 들고, 내가 원하는 방식을 강요하는 일들이 벌어질 수 있는 거죠. 문제는 이게 잘못이라는 것조차 쉽게 알지 못한다는 것입니다. 상대를 나처럼 생각하기 때문에, 당연히 상대도 이런 내 마음을 알아주리라고 생각합니다. 만약 상대방이 반발하면 "우리 사이에 그 정도도 이해 못 해 줘?"라고 서운해하죠. 정작 잘못하고 있는 것은 나임에도 불구하고 말입니다.

이러한 일들은 관계가 오래될수록 더욱 심해집니다. 친한 관계가 지속되면 서로에 대한 이해의 폭이 깊어질 테니, 잡음이 줄어들 것 같죠? 틀린 말은 아닙니다. 오랜 친구는 뇌파가 비슷해진다는 연구 결과도 있거든요. 한데 닮아 간다고 해서 서로의 주체성이 사라지는 건 아닙니다. 아니, 닮아 갈수록 더 조심해야죠. 상대방을 함부로 대하거나 선을 넘어서는 안 됩니다. 친할수록 공경하고 존중해야, 안평중처럼 오래도록 변함없는 우정을 유지할 수가 있습니다.

세상에서 가장 위험한 사람

공자께서 말씀하셨다. "비루한 사람과 더불어 임금을 섬길 수 있겠는가? 목적한 바를 얻기 전에는 얻지 못할까 봐 걱정하고, 이미 얻은 뒤에는 그것을 잃어버릴까 봐 걱정하니, 만일 잃어버릴 것을 걱정한다면 못하는 짓이 없을 것이다."

子曰, 鄙夫, 可與事君也與哉? 其未得之也, 患得之, 旣得之, 患失之, 苟患失之, 無所不至矣.

○ 〈양화〉 편

    좋은 동료란 어떤 사람일까요? 정답은 없습니다. 사람마다 기준이 다를 테니까요. 다만 업무 능력이 중요하게 고려될 겁니다. 친구야 됨됨이가 좋고 마음이 맞으면 충분하지만, 동료는 같이 일을 해야 하는 사이잖아요. 사람이 착해도 일머리가 없으면 동료로서 좋은 평가를 받기 힘듭니다. 반대로 싫어하는 사람이라 해도 일 처리에 빈틈이 없고, 업무 면에서 신뢰할 수 있다면 동료가 될 자격을 갖췄다고 볼 수 있죠.

    하지만 일을 잘한다고 해도 반드시 피해야 할 사람이 있습니다. 공자의 말처럼 자신이 목적한 바를 얻기 위해 조바심 내며 매달리는 사람, 얻은 것을 혹시라도 빼앗길까 봐 안달복달 하는 사람입니다. 승진하고 싶어서, 핵심 부서로 가고 싶어서 조바심 내는 사람은 일을 잘하는 데 힘을 쏟는 것이 아니라 윗사람의 눈에 드는 일에 힘을 쏟습니다. 뻔지르르하게 자신을 포장하는 일에 열중합니다. 물론 자기를 어필하는 일은 나쁜 게 아닙니다. 하지만 그에 걸맞은 실력이 뒷받침되지 않은 상태에서 어필하는 것은 주제넘은 일입니다. 이런 사람은 자신이 욕망하는 바와 자기 실력 사이의 틈새를 숨기기 위해 수단과 방법을 가리지 않습니다.

얻은 것을 빼앗길까 봐 안달복달하는 사람은 더 위험합니다. 그런 사람은 "내가 어떻게 이 자리까지 올라왔는데" "지금 누리고 있는 것들을 포기할 수 없어"라는 생각에 무리수를 둡니다. 경쟁자를 모함하고, 잘못을 숨기고, 부하들을 닦달하고, 뇌물을 써서 청탁하는 등 옳지 못한 행동도 서슴지 않죠. 그에겐 동료의 성장이나 조직의 발전 따윈 중요치 않습니다. 윗사람에게 아첨하기 때문에 충성스러운 것처럼 보일지 몰라도 실상 충성심이라곤 전혀 없는 사람입니다. 오로지 자신이 갖고 싶은, 혹은 가지게 될 이익과 권력만이 중요하죠.

이렇게 원하는 바를 위해서라면 수단과 방법을 가리지 않는 사람은 동료로서 결격일 뿐만 아니라 조직에 큰 해를 끼칠 수 있습니다. 그래서 공자가 비루한 사람이라 표현하는 겁니다. 비루한 사람과는 함께 임금을 섬길 수 없다고 단언하는 거죠. 만약 여러분 주위에 이런 사람이 있다면 절대로 가까이하면 안 됩니다.

> ## 신뢰하고
> ## 신뢰받는 일
>
> 자공이 정치에 관해 묻자 공자께서 말씀하셨다. "먹고살 수 있게 하고, 군대를 갖추고, 백성이 신뢰하게 하는 것이다."
> 자공이 말하였다. "부득이 버릴 수밖에 없다면 그 세 가지 중에서 무엇을 먼저 버려야 합니까?"
> 공자께서 말씀하셨다. "군대를 버려야 한다."
> 자공이 말하였다. "부득이 버릴 수밖에 없다면 나머지 두 가지 중에서는 무엇을 먼저 버려야 합니까?"
> 공자께서 말씀하셨다. "먹을 것을 버려야 한다. 자고로 사람은 누구나 죽기 마련이지만, 백성에게서 신뢰받지 못하면 그 나라는 존립할 수가 없다."
>
> 子貢問政. 子曰, 足食足兵, 民信之矣. 子貢曰, 必不得已而去, 於斯三者, 何先? 曰, 去兵. 子貢曰, 必不得已而去, 於斯二者, 何先? 曰, 去食, 自古皆有死, 民無信不立.
>
> ◦ 〈안연〉 편

타인과 좋은 관계를 맺으려면 무엇이 필요할까요? 상호 이해, 소통, 배려 등을 떠올릴 수 있겠지만 무엇보다 중요한 것은 '신뢰'입니다. 상대방을 믿어야 하고 또 내가 믿음을 줄 수 있어야 합니다. 이건 그 사람을 좋아하는지 싫어하는지의 문제와는 다릅니다. 상대에 대한 내 감정이 어떻든 간에 저 사람은 반드시 약속을 지킬 거라 믿고, 맡은 일에 빈틈이 없을 거라 믿는 거죠. 상대방이 나의 기대를 저버리지 않으리라는 신뢰가 전제되어야 사회적 관계가 성립하고 함께 힘을 합쳐 무언가를 할 수 있습니다.

이 점은 국가와 국민 사이에서 매우 중요합니다. 국민이 국가에 세금을 내고 병역 등의 의무를 수행하는 이유는 국가가 자신을 지켜 주고 인간다운 삶을 누릴 수 있게 해 주리라고 기대하기 때문입니다. 국민이 불만이 있더라도 국가에서 강제하는 내용을 따르는 이유는 어쨌든 국가 시스템을 신뢰하기 때문입니다. 국가의 결정이 나와 공동체에 도움이 된다고 믿는 거죠. 코로나19가 초래했던 팬데믹을 생각해 보십시오. '4인 이상 집합 금지' 조처가 내려지고 다중 이용 시설의 영업시간이 제한됐었습니다. 항상 마스크를 쓰고 다녀야 했으며 확진자나 밀접 접촉자는 엄격한 격리 의무를 지켜야 했습니다. 그 밖에도 많은 불편이 따랐지만 대다수 국민은 정부의 방침을 철저히 준수했습니다. 정부의 조치가 과도하다, 비과학적이다는 비판이 없진 않았지만 국가에 대한 국민의 신뢰가 유지됐기 때문에 가능했던 일입니다. 국가가 사사로운 목적에서가 아니라 국가의 방역 안보를 위해서, 국민 개개인의 건강을 지키기 위해 행하는 조치라고 믿었기 때문에 불편을 감수하면서 국가의 방침을 따른 겁니다.

그런데 만약 국민이 정부를 믿지 않고 국가를 신뢰하지 않는다면 어떻게 될까요? 국가 시스템이 만든 법률이나 각종 규정, 준수 사항을 지키지 않으면 보통 처벌이 따르는 만큼 일단은 두려워서 지키는 '척'을 할 순 있겠죠. 하지만 어길 수만 있다면 어떻게든 어길 겁니다. 굳이 나의 불편함을 감내하고 나를 희생할 이유가 없기 때문입니다. 이런 국가와 국민은 위기와 만나면 걷잡을 수 없이 무너지고 맙니다. 그래서 공자는 백성이 먹고살게 해 주고, 백성을 지켜 주는 일이 매우 중요하긴 하지만 반드시 신뢰가 바탕이 되어야 한다고 말하는 겁니다. 백성에게 신뢰받지 못하는 나라는 존립할 수 없으니까요.

그렇다면 어떻게 해야 국민의 신뢰를 얻을 수 있을까요? 답은 간단합니다. 지배층이 솔선수범하고, 국정을 투명하게 공개하면서, 국민과 한 약속을 지키면 됩니다. 국가가 잘못했을 때는 이를 솔직히 시인하고 국민의 이해를 구하면 됩니다. 그렇게 한다면 부득이 약속을 이행하지 못하는 상황이 오더라도, 혹은 결과가 좋지 못하더라도 최소한 국민이 국가를 불신하거나 외면하는 일은 없을 겁니다.

이 '신뢰'는 AI와의 관계에서도 전제되어야 합니다. 이미 많은 분야에서 이른바 'AI 에이전트'가 인간과 협업하는 팀원으로 활동하고 있습니다. 단순한 보조 업무를 넘어서 복잡한 프로젝트까지 능동적으로 해냅니다. 덕분에 업무 효율성과 정확도가 높아졌을 뿐만 아니라 다양한 혁신이 이루어지고 있죠. 그런데 아무런 문제가 없이 잘 진행되고 있을까요? 최근 연구들에 따르면 많은 인간 팀원이 AI 팀원을 신뢰하지 않는다고 합니다. AI가 인간과 다르게 행동하는 데다가 AI의 의사 결정 과정을 인간이 이해하기 어렵기 때문이죠. 인간과 동일한 수준의 윤리적 사고력을 갖추지 못했기 때문에 언제고 비윤리적인 행동을 할 수 있다는 우려도 있습니다. 이러한 불신은 팀 내 다양한 상호작용을 해칠 수 있습니다. 따라서 인간은 AI가 데이터에 기반해 결정할 때 그 과정이 낯설더라도 일단 믿어 봐야 합니다. AI가 인간보다 더 좋은 결과를 만들어 낼 수 있다고 신뢰하는 '디지털 마인드셋'을 길러야 합니다. 물론 AI도 정확하고 일관된 결과를 제공함과 동시에, 어떤 전제로 알고리즘이 운영되고 있는지 의사 결정 과정을 투명하게 공유해야 하겠죠. 현재의 상태와 목표, 의도, 계획, 예상과 결과, 실패 가능성 등 모든 정보를 남김없이 설명해야 합니다. AI가 팀원으로 세팅 될 때부터 이런 점들을 고려한다면 인간과 AI는 서로를 신뢰할 수 있을 것이고, 함께 힘을 합쳐 놀라운 성과를 만들어 갈 수 있을 겁니다.

핑계는
열어진 마음으로부터 나온다

"내 어찌 그대를 생각하지 않겠냐만 집이 멀구나!" 공자께서 말씀하셨다. "생각하지 않은 것이지 어찌 멀다고 하는가?"

豈不爾思, 室是遠而! 子曰, 未之思也, 夫何遠之有?

○ 〈자한〉 편

"부모님 뵈러 본가에 자주 내려가야 하는데 아무래도 학기 중이라 가기 힘들어요." "고등학교 때 저를 정말 예뻐해 주신 선생님이 계시는데 오랫동안 찾아뵙질 못했어요. 마음은 그렇지 않은데 저도 사는 게 정신없다 보니 틈이 나질 않아서요." "참 고마운 선배인데 제가 다른 지역에 살아서 만나기가 쉽지 않네요."

어떠신가요? 많이 들어 본, 그리고 직접 해 본 말들 아닌가요? 사실 이런 일들을 대단한 잘못이라고 할 수는 없습니다. 그런데요, 정말 본가에 내려가지 못할 정도로 학기 내내 모든 주말이 바빴을까요? 잠시나마 은사님을 찾아뵙고 선배를 만나러

갈 시간이 과연 없었을까요? 하다못해 연락할 시간은요? 당연히 아닐 겁니다. 공자의 말처럼 그럴 생각을 하지 않았던 거죠. 하지만 우리는 그걸 감추기 위해 핑계를 댑니다. 중요한 약속이 있어서, 육아하느라 정신이 없어서, 컨디션이 좋지 않아서, 그리고 인용한 구절처럼 집이 멀어서 등등.

물론 사람인 이상 그럴 수 있습니다. 내가 우선일 수밖에 없거든요. 그런데 이런 태도가 습관이 되면 안 됩니다. 내가 어떤 사람과의 관계에서 자주 핑계를 댄다면 그 사람에 대한 마음이 옅어졌다는 뜻입니다. 그래선 안 될 사람에게 내가 그러고 있다면 얼른 반성하고 바로잡아야 합니다. 그렇지 않으면 이내 관계가 소원해지고 얼마 지나지 않아 끊어질지도 모릅니다. 그래도 상관없는 사람이라면, 차라리 관계를 정리하는 것이 낫습니다. 괜히 자신에게 거짓말하고 스스로 속일 필요는 없으니까요.

이 문제는 비단 인간관계에만 해당하지 않습니다. 내가 어떤 일을 하지 못하겠다며 이유를 대고 있다면 곰곰이 되돌아보십시오. 정말 할 수 없는 상황인지, 아니면 하기 싫어서 핑계를 대는 것인지를요. 어려울 거 같아서 지레 포기하고 자기 합리화하고 있는 건 아닌지 살펴보시길 바랍니다. 이럴 땐 차라리 내 마음을 솔직하게 인정하는 게 현명합니다. 그래야 뭐가 문제인 줄 알고, 어떤 방향으로 처리해야 할지가 보일 테니까요.

장점과 단점,
양날의 검

공자께서 말씀하셨다.
"군자는 다른 사람의 아름다움은 이루도록 도와주고 악함은 이루지 않게 하지만, 소인은 이를 반대로 한다."

子曰, 君子, 成人之美, 不成人之惡, 小人反是.

◦ 〈안연〉 편

이 구절은 인재를 대하는 리더의 바람직한 자세에 관한 말입니다. 사람은 누구나 장단점을 가지고 있죠. 그러니 단점만 보고 그 사람의 장점을 사장해선 안 되고, 장점만 보고 그 사람의 단점에 눈감아서도 안 됩니다. 인재가 가진 장점을 극대화하면서 단점을 보완하도록 이끌어 주는 사람이 바로 좋은 리더입니다. 이에 비해 나쁜 리더는 오히려 장점을 억누르고 단점을 조장합니다. 예컨대 세종대왕을 보좌해 집현전을 이끌며 큰 공을 세웠던 정인지는 세조 대에 가서는 무능하고 탐욕스러운 신하로 변모했습니다. 아름다운 문장을 쓰는 것으로 유명했던 김석주는 숙종 밑에서 음험한 권모술수의 화신이 되었죠. 세월이 흐르며 사람이 바뀐 것이 아닙니다. 어떤 군주를 만났느냐에 따라 신하의 장단점이 다르게 발휘된 겁니다. 공자는 바로 이 점을 경계했습니다.

저는 이 구절이 오늘날 인간과 비인간의 관계에도 적용된다고 생각합니다. 현재 스마트폰은 우리 삶에서 떼려야 뗄 수 없는 존재가 되었습니다. 언젠가 스마트폰을 집에 놓고 나왔던 날을 떠올려 보십시오. '중요한 연락을 못 받으면 어떻게 하지?' '업무에 필요한 전화번호가 다 거기에 있는데' '버스 안에서 이메일 답장해야 하는데' 등등 오만가지 생각이 들었을 겁니다. 그래서 지각을 감수하고서라도 집으로 돌아가 스마트폰을 가지고 나오죠. 혹시라도 스마트폰을 잃어버리기라도 하면 그야말로 눈앞이 캄캄해집니다.

물론 우리가 스마트폰에 보이는 집착과 애정은 기계 자체에 대한 것이 아니라 스마트폰을 통해 할 수 있는 일들 때문입니다. 스마트폰이 삶의 능률을 높여 주고, 나의 정보와 추억을 저장해 주고, 나와 타인을 연결해 주는 핵심 수단이라는 점에서 비롯된 것입니다. 내가 애착을 느끼는 것을 스마트폰이 매개해 주기 때문에 스마트폰에 애착을 갖는 겁니다. 하지만 정서가 불안해질 정도로 과도하게 집착하는 것이 과연 바람직할까요? 스마트폰이 없으면 전화도 못 걸고 길도 못 찾고 물건을 사지도 못 하는 사람이 있는데, 그야말로 아무것도 못 하는 이런 상태를 두고만 봐야 할까요? 현명한 사람이라면 스마트폰을 활용함으로써 얻을 수 있는 이점은 최대한 살리되 단점은 객관적으로 살피고 이겨 낼 수 있어야 합니다. 어리석은 사람은 그 단점을 극복하기는커녕 거기에 얽매여 종속되어 버리는 거고요. 비단 스마트폰만이 아닙니다. AI와 같이 우리에게 다가온 새로운 기술들도 마찬가지입니다. 앞으로 우리가 그 기술과 함께 살아가야 한다면 공자의 말처럼 '아름다움을 이루고 악함을 이루지 않게' 하는 방법을 고민해야 합니다. 그래야 인간과 비인간이 공존할 수 있고, 지속 가능한 발전을 이룰 수 있을 것입니다.

윗사람이 버려야 할 태도

깨우쳐 주지 않았으면서 완성하라고 요구하는 것을 포악하다 하고, 지시를 태만하게 했으면서 기한을 각박하게 요구하는 것을 해치는 것이라 한다.

不戒視成, 謂之暴, 慢令致期, 謂之賊.

◦〈요왈堯曰〉편

"전에 말한 기획안 준비됐나? 가져와 보게."

"네? 해 오란 말씀 없으셨는데요?"

"무슨 소리야. 내가 혹시 필요할 수도 있다고 했잖나. 안 했으면 밤을 새워서라도 만들어 와!"

"근데 저도 처음 해 보는 일이라 어떻게 해야 할지 모르겠습니다."

"누군 처음부터 다 할 줄 알아서 하나? 그 정도는 알아서 해야지!"

직장에서 종종 볼 수 있는 모습입니다. 그런데 예나 지금이

나 변한 게 없나 봅니다. 공자의 시대에도 이런 상황에 관한 이야기가 똑같이 등장하니 말입니다.

무릇 아랫사람에게 일을 시킬 때는 지켜야 할 도리가 있습니다. 미리 충분히 설명하고 방법을 일러 주지 않았으면서 성과를 기대하는 것은 옳지 않습니다. 어떻게 하나하나 다 알려 주냐고 볼멘소리하는 상사들이 있는데, 일머리란 일의 흐름을 파악하여 효과적인 방법을 찾는 능력이지 처음 해 보는 낯선 일까지 척척 해내는 능력이 아닙니다. 반드시 사전에 상세하게 설명하고 방법을 교육한 뒤에 상응하는 실적을 요구해야 합니다.

또한 상사가 쉽게 저지르는 잘못 중 하나가 지시를 분명하게 하지 않는다는 겁니다. 어떤 일을 해라 혹은 하지 말라고 명확히 말하지 않고 에둘러 말하는 거죠. 언제까지 해 와야 한다고 정확한 시점을 얘기해 주지도 않습니다. 지시하는 본인도 그 일에 대해 잘 모르고 확신이 없어서 그렇습니다. 그러다 일이 닥치면 느닷없이 당장 가져오라고 독촉합니다. 이는 설령 그런 마음이 없었다고 하더라도, 아랫사람을 해치는 것이나 다름없는 일입니다.

어떻습니까? 상사가 가져서는 안 될 태도로 공자가 언급한 내용은 그다지 어려운 일이 아닙니다. 일을 시키기 전에 미리 잘 알려 주고 지시를 분명하게 하며 여유 있게 기한을 주는 것은 어찌 보면 당연한 일이죠. 상사가 가져야 할 기본 매너입니다. 이 당연한 매너가 준수되지 않을 때 아랫사람이 받는 상처는 매우 큽니다. '포악하다'라는 표현을 쓸 정도로 말이죠. 윗사람은 이 일을 가볍게 생각하지 말고 항상 조심해야 합니다.

잊지 말아야 할 사랑

자식은 태어나 삼 년이 지난 후에야 부모의 품을 벗어나는 법이니 실로 삼년상은 천하가 모두 따라야 할 예법이다. 재아도 그 부모로부터 삼 년의 사랑을 받지 않았겠는가?

子生三年然後, 免於父母之懷, 夫三年之喪, 天下之通喪也 予也, 有三年之愛於其父母乎?

。〈양화陽貨〉 편

　　지금은 장례를 치른 뒤 짧으면 3일(삼우제), 길어도 49일(49재)만에 상복을 벗는 경우가 대부분입니다만, 마음으론 삼년상을 치르는 문화가 여전히 남아 있습니다. 그런데 왜 '삼 년'인지는 잘 모르더라고요. 그 이유를 바로 《논어》에서 확인할 수 있습니다. 공자의 제자 재아가 삼년상이 너무 길다며 일 년만 해도 충분하지 않으냐고 불평하자, 공자는 자식이 혼자 힘으로 아무것도 할 수 없어 전적으로 부모의 보살핌을 받는 시간이 삼 년이라고 말합니다. 삼년상을 지내는 것은 최소한 그 시간만큼이라도 부모님을 추모해야 한다는 의미인 거죠.

부모님이 돌아가신 후의 일을 가지고 이야기를 시작하긴 했지만, 부모님이 살아 계실 때도 마찬가지입니다. 인터넷에서 돌고 있는 글 중에 〈어느 부모가 자식에게 보내는 편지〉라는 시가 있습니다. 버전이 워낙 다양해서 내용이나 표현도 제각각이지만 공통으로 나오는 대목이 있습니다.

우리가 나이가 들어 음식을 흘리며 먹거나 옷을 잘 입지 못하더라도 이해해 다오. 우리가 너희를 먹이고 입혔던 그 시간처럼. 우리가 나이가 들어 했던 말을 하고 또 하더라도 부디 끊지 말고 들어 다오. 너희가 어렸을 때 같은 질문을 하고 같은 이야길 해 달라고 졸라도 기꺼이 응했던 우리처럼. 우리가 나이가 들어 다리에 힘이 빠져 잘 걷지 못하게 되거든 부디 손을 빌려 다오. 너희가 걸음에 익숙해지기 전까지 우리가 늘 너희의 손을 잡아 주었듯이.

흔히 나이 들면 아이가 된다고 하죠. 신체가 노쇠해지면서 체력이 약해지고 몸의 움직임이나 반응도 갈수록 느려집니다. 기억력이 쇠퇴하고 판단력도 흐려집니다. 정신을 지탱하던 힘이 예전 같지 않게 되죠. 그러다 보니 많은 것이 어설프고 영글지 못했던 어린아이 때처럼 행동하게 되는 겁니다. 한데 우리는 부모님의 이런 모습을 이해하려 하지 않습니다. 이해는

커녕 짜증을 내고 귀찮아하기도 하죠. 그런데요, 우리가 어려서 비슷하게 행동했을 때 부모님은 어떠셨나요? 부모님이라고 귀찮았던 순간이 없으셨을까요? 당연히 있으셨을 겁니다. 하지만 참고 이해하고 기다려 주셨죠. 한없는 사랑으로 우리의 모든 행동을 보듬어 주셨습니다. 우리가 이런 부모님의 사랑을 그대로 보답할 수만 있다면 좋겠지만 쉽진 않을 거예요. 그저 부모님이 내게 주신 사랑을 잊지 말고 적어도 그만큼은 부모님을 이해하려 노력했으면 합니다. 그러지 않으면 영원히 지울 수 없는 후회가 남을지도 모릅니다.

《논어》의 문장을 하나 더 소개해 드리겠습니다. "부모님의 나이는 알고 있지 않으면 안 되니, 한편으로는 그 때문에 기쁘고 한편으로는 그 때문에 두렵다"라는 〈이인〉 편의 구절입니다. 지금 저희 부모님이 모두 팔십 대이신데요, 십 년 전까지만 해도 부모님과의 이별에 대해 진지하게 생각해 본 적이 없습니다. 사람의 생이 유한한 줄 알면서 내 부모님만은 언제나 내 곁에 계실 거라 착각했던 것이지요. 그런데 요즘 들어 아버지는 "내가 이제 자신이 없다"라는 말을 달고 사시고, 어머니는 봄꽃을 보시다가 "이제 몇 번이나 저 모습을 볼 수 있을까?" 하고 말씀하시는데, 가슴이 콱 막혀 오는 거예요. 아무리 평균 수명이 늘어났다고 해도 부모님과 함께할 날이 아직 많이 남았다고 자신할 수 있는 상황은 아니잖아요, 공자의 말처럼 부모님이 그 연세에도 저와 여전히 함께 계셔 주셔서 정말 기쁘지만, 한편으로는 또 두려운 거죠.

저는 부모님이 연세가 많이 드신 뒤에야 이 문장이 가슴에 와닿았다고 말씀드렸지만 사실 이 문장은 늘 간직하고 있어야 합니다. 특히 부모님이 영원히 내 곁에 계셔 줄 거라 착각하면 안 됩니다. 언제고 떠나실 수 있다고 두려워할 줄 알아야 합니다. 부모님이 내게 주신 사랑을 기억하며 하루를 일 년처럼, 순간을 영원처럼, 늘 내가 할 수 있는 한 최선을 다하십시오.

지금 어디냐는 말, 밥은 먹었냐는 말

맹무백이 효에 관해 물으니, 공자께서 말씀하셨다.
"부모가 오직 자식이 아플까 걱정하는 것이다."

孟武伯, 問孝, 子曰, 父母唯其疾之憂.

○ 〈위정爲政〉 편

　〈위정〉 편에 보면 공자가 사람들과 효에 관해 묻고 답하는 내용이 연달아 나옵니다. 우선, 맹의자가 효를 실천하는 방법을 질문하자 공자는 "어기지 않는 것이다"라고 대답했습니다. 이 말이 부모님을 거역하지 말고 무조건 따르라는 뜻은 아닙니다. 부모님의 판단이 잘못됐거나 혹 부모님이 나쁜 행동을 하시면 정성을 다해 설득해야죠. 아닌 건 아니라고, 그러시면 안 된다고. 다만 부모님이 내 뜻을 받아들여 주지 않는다고 해서 부모님을 미워하거나 부모님 곁을 떠나서는 안 된다는 의미입니다. 공자는 이렇게 말합니다. "부모님을 섬길 때 간곡한 건의를 수용하지 않으시더라도 여전히 공경해야 하며 멀리해서는 안 된다. 계속 노력해야지 원망해서는 안 된다."

다음으로 제자 자유가 효에 관해 묻자, 공자는 "요즘 세상에서 효라고 말하면 그저 부모님을 돌보는 것을 가리키는데, 개나 말도 다 돌보지 않는가? 공경하는 마음이 없다면 무엇이 다르겠느냐?"라고 답변합니다. 또한 자하의 질문에는 "수고로움을 대신하고 술과 밥을 잡수시게 하는 것만으로 효도가 되겠느냐?"라고 되묻습니다. 부모님을 사랑하고 공경하는 마음이 전제되지 않았다면, 부모님의 일을 대신하거나 좋은 음식이나 옷을 챙겨드리는 것만으로는 효도했다고 말할 수 없다는 겁니다.

더욱이 부모님이 자식에게 정말 바라는 건 따로 있습니다. 바로 부모님께 걱정을 끼치지 않는 겁니다. "부모가 오직 자식이 아플까 걱정하는 것이다"라는 공자의 대답처럼 말이죠. 이 말은 부모가 자식이 아프진 않을까 걱정하는 것 말고는 자식에 대해 전혀 걱정할 일이 없어야 한다는 뜻으로 이해하면 됩니다. 자식의 건강을 염려하는 것은 부모로서 본능과도 같은 일입니다. 이것만 빼곤 부모님을 걱정시키지 말라는 겁니다. 돈을 잘 벌어서 부모님께 좋은 집을 사 드리고 사회적으로 높은 지위에 올라 부모님의 명예를 높여 드리는 것보다, 부모님이 나에 대해 믿고 걱정하지 않게 만들어 드리는 일이 중요하다는 거죠.

좀 막연하고 추상적인가요? 그렇다면 생활 속의 작은 일부터 실천해 보면 어떨까요? 〈이인〉 편에 나오는 공자의 말을 보죠. "부모님이 살아 계실 때는 먼 곳에 가지 않는다. 가더라도 반드시 정해진 방향이 있어야 한다." 자식이 눈앞에 보이지 않으면 부모님은 당연히 걱정하기 마련이죠. 우리가 부모님과 통화할 때 가장 많이 듣는 질문이 '지금 어디냐'는 말씀일 거예요. 그럴 때 귀찮아하지 마시고 먼저 '저 어디 있어요'라고 말씀드려 보십시오. 또, 그다음으로 부모님이 가장 많이 하시는 말씀이 뭐죠? 아마 '밥 먹었니?'일 겁니다. 평소에 식사를 빠뜨리지 않고 잘 챙겨 먹는 것만으로도 부모님의 걱정을 크게 줄여 드릴 수 있을 거예요. 어렵지 않죠?

4부

배움

: AI 시대, 무엇을 어떻게 질문해야 하는가

이 세상의 어떤 사람도 처음부터 완성형으로 태어나진 않습니다. '배움'을 통해 지식을 쌓고, 인격을 성장시키고, 잠재력을 일깨워야 합니다. '배움'을 통해 다른 사람과 관계를 맺고, 사회의 구성원으로서 살아가는 방법을 익혀야 합니다. '배움'은 '나'라는 사람을 완성하고 인생을 잘 살아가게 만드는 필수 요소입니다.

그런데 이 '배움'의 의미를 좁게 생각하는 사람들이 많습니다. 학교에서 이루어지는 학습 활동이 곧 배움의 전부라고 여기는 것입니다. 그래서인지 학교를 졸업하고 나면 더는 배우려 하지 않습니다. '대학까지 나왔는데 또 공부하라고?' '먹고살기에도 바쁜데 공부할 시간이 어딨어?'라고 생각하죠. 배움이 멈추면 나의 성장 또한 멈추는데도 말입니다.

더구나 평균 수명이 늘어나면서 배움의 필요성은 더욱 커졌습니다. 얼마 전까지만 해도 우리는 '학교-직장-은퇴'라는 3단계 사이클에 따라 인생을 살면 충분했습니다. 짧게는 12년, 길게는 20년 정도 학교에서 교육받고 그 교육을 바탕으로 취업해서 30년 정도 일하다가 퇴직하는 순서였습니다. 그런데 지금 태어나는 아이들은 평균 수명 100살을 내다봅니다. 은퇴 후에도 40~50년이나 더 살아야 합니다. '평생직장'이라는 개념은 사라진 지 오래고, 근무 형태도 다양해졌습니다. 이직이 일상이 되었고, 전혀 새로운 분야에서 인생의 2막, 3막을 열어가는 사람도 많습니다. 3단계가 아니라 다단계의 삶이 열린 겁니다. 이 다단계의 삶은 사회가 정해 놓은 룰을 따르는 것이 아니라 각자가 설계하고 만들어 가야 하는 것이기 때문에 배움 역시 지속해야 합니다. 내 삶이 변화하는 속도, 방향, 내용을 스스로 결정하려면 배움을 멈출 수가 없는 거죠.

우리가 계속 배워야 하는 이유는 또 있습니다. 지식의 유효 기간이 점점 짧아지고 있기 때문입니다. 저는 학교 다닐 때 태양계가 9개의 행성으로 이루어졌다고 배웠습니다. 하지만 2006년 명왕성이 제외되면서 태양계의 행성은 8개가 됐습니다. 화학 시간에 배웠던 주기율표에도 새로운 원소들이 추가됐죠. 관점이 바뀌거나, 기존의 이론이 반박되거나, 혹은 새로운 학설이 등장하면 우리가 알던 기존의 지식은 폐기됩니다. 그 속도가 과학 기술의 발전과 함께 더욱 빨라지고 있습니다. 이를 두고 하버드대학교의 물리학자 새뮤얼 아브스만은 '지식의 반감기'라는 용어를 사용했습니다. 그에 따르면 역사학은 7.13년, 경제학은 9.38년, 물리학은 13.07년이 지나면 지식의 절반 정도가 쓸모없게 된다고 합니다.

이처럼 무서운 속도로 급변하는 세상에 대응하려면 어떻게 해야 할까요? 계속 배우는 수밖에 없습니다. '평생 학습'을 필수이자 의무라고 생각해야 합니다. 한데 과연 다 배울 수 있을까요? 아무리 똑똑한 사람이라도 점점 더 빨라지고 있는 변화의 속도를 따라잡을 순 없을 겁니다. 게다가 배우는 내용이나 방식도 달라졌습니다. 예전에는 수많은 지식과 정보들을 머리로 기억하고 암기해야 했습니다. 전문성을 발휘하려면 더더욱 그랬지요. 지금은 이런 것들을 인터넷으로 몇 초 안에 찾을 수 있습니다. 최신 지식이라도 클릭 몇 번이면 확인할 수가 있어요. 물론 지적 역량을 향상하기 위한 기초 지식은 여전히 습득하고 기억해야 합니다. 하지만 최소한 단편적인 지식이나 단순 정보를 암기하기 위해 뇌의 저장 용량을 낭비할 필요는 사라졌습니다.

2022년 11월 30일, 인류 앞에 등장한 챗지피티는 이러한 상황을 더욱 가속화하고 있습니다. 더구나 챗지피티는 첫 출시 후 2년여 만에 챗지피티-4, 챗지피티4-터보, 챗지피티-4o, 챗지피티-4.5에 이어 곧 공개될 챗지피티-5에 이르기까지 무려 다섯 차례나 업그레이드되고 있으며, 마이크로소프트는 코파일럿Copilot을, 구글은 제미나이Gemini를, 애플은 애플 인텔리전

스Apple Intelligence를 내놓았죠. 그 밖에도 클로드Claude, 라마Llama 3.1, 미스트랄Mistral, 딥시크DeepSeek 등 거대언어모델 기반 AI가 치열하게 경쟁하고 있습니다. 기술적으로도 엄청나게 진보했을 뿐만 아니라, 이제는 맥락 인터페이스Contextual Interface 시대를 열 준비를 하고 있습니다.

이러한 AI 앞에서 지금까지 우리가 '배워야 했던 내용'들은 상당수가 효용을 잃었습니다. 이제 배워야 할 것은 인터넷과 AI가 제공해 주는 엄청난 양의 지식과 정보를 분석하여 그것이 올바른 것인지, 중요한 것인지를 가려내는 안목입니다. 새로운 시각과 관점에서 그 정보를 활용하고 이를 실생활에 적용하는 법을 배워야 합니다. 그 지식을 토대로 더 나은 판단과 결정을 내리는 법도 학습해야죠. 특히, AI를 효과적으로 활용하려면 AI에게 정확하고 적합한 질문을 해야 합니다. 그래야 양질의 대답을 얻어낼 수 있습니다. 이 '좋은 질문'을 하려면, 다양한 분야를 종합해 이해하는 확장된 문해력이 반드시 필요합니다.

요컨대, 이제 배움에서 중요한 것은 지식의 양이 아닙니다. 지식과 정보에 대한 나의 태도가 중요해졌고, 또 무엇을 공부하느냐가 아니라 어떻게 공부하느냐가 중요해졌습니다. 사고의 깊이, 성찰의 능력은 예전보다 더욱 절실해졌습니다. 이것이 뒷받침되어야 이 극단적인 불확실성의 시대를, 무한한 정보의 세상을 헤쳐갈 수 있습니다. 그 실마리를 공자의 조언에서 찾아보려 합니다.

내가 정말 알고 있는가?

"유야! 너에게 안다는 것을 가르쳐 주랴? 아는 것을 안다고 하고, 모르는 것을 모른다고 하는 것, 이것이 아는 것이다."

子曰, 由, 誨女知之乎! 知之爲知之, 不知爲不知, 是知也.

◦ 〈위정〉편

'메타인지Metacognition'라는 용어가 있습니다. 심리학자 존 프라벨이 만든 개념으로, 자기 생각을 판단하는 능력을 말합니다. '내가 제대로 알고 있는가' '내가 정확하게 기억하고 있는가' '내가 올바로 판단하고 있는가'를 점검하는 역량이 메타인지입니다. 인지가 단순히 지식을 이해하고 기억하는 것이라면, 메타인지는 그 지식이 어떤 상태인지를 파악하는 거죠. 메타인지가 있어야 나를 객관적으로 바라볼 수가 있고 내가 부족한 점을 파악해 보완할 수가 있습니다.

그런데 메타인지를 갖춘다는 것이 그리 쉽지 않습니다. 무엇보다 내가 모르는 것을 모른다고 인정할 수 있어야 합니다. 스스로 정직해야 하는 거죠. 저도 물론 그런 적이 있습니다만, 우리는 종종 다른 사람에게 얕보이기 싫어서 혹은 잘 보이고 싶어서 모르는데도 안다고 말하고, 이해하지 못했는데도 이해한 척 말할 때가 있잖아요. 모르는 것이 부끄러운 일이 아닌데도 말입니다. 이렇게 행동하면 잠깐 내 위신을 세울 수 있을지는 몰라도 모르던 것을 새로 배워 알고 성장할 기회는 사라져 버립니다.

이보다 더 심각한 상황은 내가 모르고 있다는 것을 모르는 겁니다. 제대로 알고 있는 게 아닌데 안다고 착각하는 거죠. 수학 문제를 풀다가 틀렸습니다. 정확한 풀이 과정을 찾고 답을 맞힐 때까지 계속 문제를 풀어 보겠습니까? 아니면 문제지 뒤편의 정답과 해설을 보고 이해했다며 그냥 넘어갈 겁니까? 원리를 이해하지 않고, 내가 왜 틀렸는지를 정확히 분석하지 못하면 그건 안 것 같아도 안 게 아닙니다. 비슷한 문제가 나오면 분명 또 틀릴 겁니다. 이건 모르는 거예요. 모르는데 안다고 스스로 속이고 있는 거죠. 이러한 태도를 고치지 않으면 나는 결코 발전할 수 없습니다.

그렇다면 어떻게 해야 할까요? 공자가 제자 자로에게 당부한 말처럼 "아는 것을 안다고 하고, 모르는 것을 모른다고 할 줄 알아야 합니다." 공자는 〈자로〉 편에서도 "군자는 자기가 알지 못하는 것에 대해 이러쿵저러쿵하지 말아야 한다"라고 말합니다. 이것이 곧 메타인지 능력을 키우는 길이고, 진정한 앎으로 가는 출발점입니다.

물이 100도씨에서만
끓는 것은 아니다

공자께서는 네 가지를 하지 않으셨다.
억측하지 않았고
단언하지 않았으며
고집하지 않았고
나를 내세우지 않았다.

子絶四, 毋意, 毋必, 毋固, 毋我.

○ 〈자한〉 편

《여씨춘추呂氏春秋》라는 책에 이런 일화가 나옵니다. 공자가 제자들과 천하를 돌아다닐 때, 돈과 식량이 떨어져 며칠 동안 쌀 한 톨도 입에 넣지 못한 적이 있었습니다. 다행히 제자 안회가 쌀을 구해 와 밥을 지었는데, 밥이 다 뜸이 들었을 즈음 공자가 문득 부엌을 바라보니 안회가 솥을 열고 밥을 집어 먹고 있었습니다. 공자는 괘씸했지만 모른 척했습니다. 그리고 안회가 밥상을 차려 오자 "조금 전 낮잠을 자다가 꿈에서 돌아가신 아버님을 뵈었으니 먼저 제사를 올리고 식사해야겠다"라고 말했습니다. 안회가 어떻게 나오는지 보려는 거였죠. 그러자 안회가 놀라서 "안 됩니다. 아까 밥이 잘 익었나 솥을 열었을 때 천장에 있던 그을음이 떨어졌습니다. 밥을 버리기가 아까워 제가 걷어 내어 먹었으니, 제사에 쓸 수 없습니다."라고 하였습니다. 이 말을 들은 공자는 오해했던 자신을 반성하며 제자들에게 다음과 같이 말합니다. "내가 그동안 눈으로 본 것은 믿어 왔지만 완전히 믿을 게 못 되는구나. 내가 그동안 마음으로 생각한 것을 의지했지만 완전히 의지할 것이 못 되는구나. 너희는 직접 보고 들었다고 해도 사실이 아닐 수 있다는 것을 명심해라." 사람의 인식과 판단에는 한계가 있으니 함부로 추측하거나 단정하지 말라는 것이죠.

이러한 공자의 교훈은 '인지 편향cognitive bias'을 극복하는 실마리를 줍니다. '인지'란 어떤 대상에 대해 내가 가진 의견, 믿음, 확신, 태도 등을 말합니다. 그런데 이 '인지'와 '사실'이 어긋나고 충돌하는 경우가 있습니다. 종말론을 신봉하는 사람에게 예정된 날짜에 종말이 일어나지 않았을 때, 열성적인 지지자에게 그가 신뢰한 정치인의 추악한 이면이 드러났을 때와 같은 것들이죠. 이때 사람들은 '인지부조화'를 겪게 되고, 자신에게 불편함을 주는 '불일치'를 제거하려 듭니다.

그런데 이 제거가 좋은 방향으로 이루어지지 못하는 경우가 많습니다. 나의 인지를 객관적으로 바로잡아야 하는데 그러질 못하는 거죠. 어떻게든 자기에게 유리한 쪽으로 해석하고 심지어 왜곡하기까지 합니다. 반대되는 증거는 부정하거나 외면하죠. 스스로 거짓말을 하는 셈인데, 나아가 그 거짓말을 진실이라고 믿어 의심치 않는 지경에 이릅니다.

이를 막으려면 억측하지 않고, 단언하지 않고, 고집하지 않고, 나의 주관을 내세우지 않았다는 공자의 자세를 본받아야 합니다. 내 생각이 틀렸을 수도 있다는 것을 항상 전제해야 합니다. 이는 배움에서 특히 중요합니다. 흔히 '과학적 사실'이라고 하면 우리는 변하지 않는 진리라 생각하지만, 시대가 바뀌고 과학 기술이 진보하면 얼마든지 달라질 수 있습니다. '과학적 사실'은 우리의 의문에 대해 그 시대의 수준에서 내놓은 답일 뿐입니다. 천동설이 지동설로 대체되고, 주기율표에 새로 '창조' 혹은 '발견'된 원소들이 추가되는 걸 보세요. 더욱이 관점과 조건을 바꿈으로써 달라지는 '사실'도 있죠. 물의 끓는점은 1기압에서 100도씨라고 하잖아요? 물을 담은 그릇이 양은 재질이냐, 유리 재질이냐에 따라 100도씨보다 낮을 수도 높을 수도 있습니다. 삼각형 내각의 합이 180도라는 '사실'도 마찬가지예요. 수학적 진실이니 자명할 것 같지만, 유클리드 기하학에서나 그런 거지요. 리먼이나 로바체프스키의 비유클리드 기하학에서 삼각형 내각의 합은 180도보다 클 수도 있고 작을 수도 있습니다.

그러니 '정답은 이것밖에 없다'고 단언해선 안 된다는 겁니다. 고정불변의 사실이라고 고집하지 말고 오류 가능성을 인정하라는 겁니다. 이러한 태도는 AI에도 적용되어야 합니다. 유발 하라리는 그의 저서 《넥서스》에서 AI는 무오류의 존재가 아니라며, 강력한 자정 장치가 없다면 왜곡된 세계관을 조장하고 심각한 권력 남용을 초래할 수 있다고 경고했습니다. 그 생생한 사례를 우리가 직접 경험하고 있죠. 유튜브 AI의 알고리즘이 정치적 편향성을 심화시키고 그것이 어떤 문제를 일으키는지를 지금 이 순간에도 목격하고 있습니다. 따라서 AI를 설계하고 AI가 학습할 데이터 세트를 만들어 내는 개발자들은 반드시 이 점을 염두에 두어야 합니다. AI 사용자들도 AI를 감시하고 견제해야죠. 이를 통해 AI가 인간의 가치를 증진하고, 투명하고 공정하며 다름을 포용하고 지속 가능성을 갖추도록 자기 교정 메커니즘을 확립해 가야 합니다. 그것은 바로 단언하고 고집하지 않는 것, 즉 오류를 인정하는 것에서부터 출발합니다.

배움 없는 믿음은
해롭다

믿음을 좋아하되 배우길 좋아하지 않으면 그 폐단은 자신을 해치는 데 있다.

好信不好學, 其蔽也賊.

○〈양화〉 편

일찍이 공자는 제자 자로에게 배우지 않았을 때 생기는 여섯 가지 문제점에 관해 이야기했습니다. "어짊을 좋아하되 배우길 좋아하지 않으면 그 폐단은 어리석어지는 데 있고, 지혜로움을 좋아하되 배우길 좋아하지 않으면 그 폐단은 방자해지는 데 있으며, 믿음을 좋아하되 배우길 좋아하지 않으면 그 폐단은 자신을 해치는 데 있다. 올곧음을 좋아하되 배우길 좋아하지 않으면 그 폐단은 남의 아픈 곳을 찌르게 되고, 용감함을 좋아하되 배우길 좋아하지 않으면 그 폐단은 소란을 일으키게 되며, 강직함을 좋아하되 배우길 좋아하면 그 폐단은 경솔하게 된다."

　어짊, 지혜로움, 믿음, 올곧음, 용감함, 강직함. 모두 사람이 갖추어야 할 훌륭한 덕성이고, 인생을 아름답게 채워 줄 수 있는 소중한 가치들입니다. 그런데 이런 가치들도 배움을 통해 그 의미를 제대로 이해하고 실천하지 못한다면 오히려 부정적인 결과를 낳을 수도 있습니다. 어질고 따뜻한 성품을 가졌더라도 배우지 않으면 어떻게 될까요? 남에게 속고 이용당할 수 있습니다. 똑똑하고 지식이 많아도 배움을 통해 이를 깊이 성찰하고 자신을 단속하지 못한다면 자만에 빠지고 말 겁니다. 올곧음은 또 어떤가요? 배움이 뒷받침되지 못한 사람은 그저 지적하고 들춰내는 것만 옳은 일이라고 착각합니다. 때로는 감춰 주고 보듬어 주는 일도 필요한데 말이죠. 또한 배움이 따르지 않는 용맹은 무모함이 될 가능성이 크고, 배움이 없는 강직함은 경솔함을 낳게 됩니다.

　이 글의 주제인 믿음도 마찬가지입니다. 배움으로 검증되지 않은 믿음은 튼튼하지 못합니다. 우리는 유명한 전문가가 한 말이라서, 고도의 능력을 갖춘 AI가 대답한 결과라서, 책에 나와 있어서, 심지어는 사람들이 다 그렇게 말해서 검증 없이 쉽게 믿어 버리는 경우가 있습니다. 하지만 그 믿었던 바가 모두 옳았습니까? 잘못된 정보는 없었습니까? 예를 들어 보죠. 흔히 상처가 나면 소독해야 한다며 과산화수소를 찾잖아요?

한데 과산화수소는 상처가 아무는 데 중요한 역할을 하는 섬유아세포를 죽입니다. 술을 많이 마셨거나 매운 음식을 먹고 속이 쓰릴 때 우리는 우유를 마시죠. 물론 우유에는 위장을 보호하는 단백질 성분이 들어 있습니다. 하지만 동시에 칼슘도 있죠. 그것도 제법 많이요. 이 칼슘을 분해하기 위해 위산이 더 많이 분비되니 우유가 오히려 속을 더 쓰리게 만들 수 있습니다. 그뿐이 아닙니다. 몇 년 전에 심각한 일이 있었습니다. 음이온이 몸에 좋다는 근거 없는 믿음이 '라돈 침대' 사건을 일으킨 겁니다. 침대 회사에서 음이온을 발생시키겠다며 매트리스에 천연 방사성 물질인 모나자이트 가루를 넣었고, 이것이 폐암 유발 물질인 라돈을 방출한 거죠. 이처럼 의심하고 검증하지 않은 믿음은 자신을 해칠 수도 있는 겁니다.

다른 장에서도 이미 말씀드렸지만 AI의 답변 또한 무조건 믿어서는 안 됩니다. 거대언어모델 AI는 정답을 찾지 못하면 가짜 대답을 만들어 냅니다. 그것도 논리적으로, 마치 진짜인 것처럼요. 이른바 할루시네이션hallucination, 환각이라 불리는 현상입니다. 변호사가 속을 정도로 촘촘한 거짓 판례를 제공한 사례도 있습니다. 그러니 우리는 AI의 답을 평가할 능력을 갖춰야 합니다. AI보다 더 많이 알지는 못하더라도 진실을 판별할 수 있는 수준이 되도록 배워야 합니다.

그렇다고 '세상에 믿을 수 있는 건 아무것도 없다'며 무조건

불신하라는 게 아닙니다. 의심이 드는 점을 질문하고, 교차 검증하고, 과학적으로 증명해 가면서 더욱 안전하고 완전에 가까운 답을 찾아가라는 겁니다. 이는 창의성을 발휘하기 위해서도 필요한 자세입니다. 당연하다고 믿었던 것에 의문을 던져야 새로운 길이 열리는 법이니까요.

삶은 끝없는 배움의 여정

"나는 열다섯에 학문에 뜻을 두었고, 서른에 우뚝 섰고, 마흔에 의혹됨이 없었고, 쉰에 천명을 깨달았고, 예순에 귀가 순해졌고, 일흔에 마음이 하고자 하는 대로 따라도 법도에 어긋나지 않았다."

子曰, 吾十有五而志于學, 三十而立, 四十而不惑, 五十而知天命, 六十而耳順, 七十而從心所欲, 不踰矩.

○〈위정〉편

공자는 《논어》에서 줄곧 배움을 강조합니다. 사람이 왜 배워야 하는지, 어떻게 배워야 하는지, 배워서 무엇을 추구해야 하는지를 이야기합니다. 공자가 강조하는 배움의 목적과 태도는 지금 우리에게 꼭 필요한 당부이기도 합니다.

《논어》의 둘째 장인 〈위정〉 편을 보면, 공자가 자신의 일생을 회고한 대목이 나옵니다. 바로 앞의 구절입니다. 우리가 흔히 나이를 부르는 다른 말로 마흔을 '불혹不惑', 쉰을 '지천명知天命'이라고 하는데요, 바로 여기서 유래한 것입니다. 얼핏 보면 배움에 해당하는 나이는 학문에 뜻을 둔다는 열다섯밖에 없는 것 같지만, 평생을 계속 배워야 나이대별로 저와 같은 수준에 도달할 수 있습니다.

하나씩 살펴보겠습니다. 우리는 어린아이 때부터 배움을 시작합니다. 부모님에게 말을 배우고, 밥을 먹고 옷을 입고 생리현상을 처리하는 법을 배우죠. 어린이집과 유치원에 가서 가족이 아닌 타인과 관계 맺는 법을 익히고, 초등학교에 입학해서 사회 구성원으로서 알아야 할 기초 지식을 배웁니다. 그러다 진로에 대해 한번쯤 생각하게 되는 나이가 언제죠? 보통 중학교 때쯤입니다. 막연하고 추상적이었던 장래 희망이 이때 와서 점차 구체화되죠. 옛날에도 비슷했는데요, 처음으로 인생 계획을 세우는 나이라 해서 공자는 "열다섯에 학문에 뜻을 두었다"라고 말하는 겁니다.

그런데 이때부터 삶의 행로가 분명해지는 것은 물론 아닙니다. 어떤 직업을 선택하고 싶은지, 내가 잘할 수 있는 것은 무엇인지, 아직 자기 자신도 잘 모를 때입니다. 그러니 일단은 열심히 배우고 익히면서, 다양하게 경험하면서, 앞으로 내가 걸어갈 길을 찾아야 합니다. 그러려면 주체적으로 판단하고 결정할 수 있는 역량을 갖추어야 하고 전문 지식 등 진로의 토대를 쌓을 시간도 필요합니다. 공자는 여기에 15년이 필요하다고 보았습니다. 요즘도 그렇잖아요? '나의 길'을 찾았다고 말할 수 있는 나이가 보통 서른 살 전후입니다. 중고등학교,

대학교, 대학원, 직업 교육, 자격증 공부, 여기에 시행착오 하느라 걸린 시간까지 합쳐 '나의 길'을 결정하고, 그 길의 출발점에 서서 첫걸음을 내딛는 나이인 거죠. 공자는 이를 "서른에 우뚝 섰다"라고 표현했습니다. 오로지 내 힘으로 내 인생을 살아갈 준비가 된 겁니다.

그렇다면 이제 공부를 그만해도 될까요? 열다섯 살에서 서른 살까지 아무리 열심히 배웠다고 하더라도 그것만으로는 부족합니다. 나의 역할과 지위가 계속 달라지기 때문입니다. 신입사원과 팀장, 임원의 지식은 달라야 하죠. 어디 그뿐입니까? 새롭게 등장하는 지식과 기술도 계속 익혀야 합니다. 끊임없이 배우면서 자신을 성장시켜야 하는 겁니다. 그렇게 10년을 열심히 나아가다 보면, 내가 걸어가는 길에 자신감이 붙고 더는 흔들리지 않는 수준에 도달할 수가 있습니다. 이것을 공자는 불혹, "마흔에 의혹됨이 없다"라고 표현합니다. 그리고 여기에서 다시 10년을 더 배우고 노력한다면 "이 길이 바로 내 길이구나!"라고 당당히 외칠 수 있게 됩니다. 공자가 나이 쉰에 천명天命을 깨닫는다고 말한 것처럼요. 이 말은 하늘이 정말 이와 같은 천명을 주며 우리를 태어나게 했다는 뜻이 아닙니다. "이 길이 내게 주어진 사명이다"라고 자신 있게 말할 정도가 되어야 한다는 거죠. 내가 선택한 길을 정답으로 만들어야 한다는 겁니다. 그러기 위해서는 그 일을 완벽히 장악해야 할 테고, 역시 배움을 멈춰서는 안 되겠죠.

이제 예순으로 갑니다. 천명을 깨닫는 경지에까지 이르렀으니, 배우는 일은 그만해도 되지 않느냐고 생각하실지도 모르겠습니다. 공자가 예순 살의 특징으로 설명한 '이순耳順', 즉 귀가 순해졌다는 말을 배움의 결과로 해석한다면 그렇게 볼 수도 있을 겁니다. 일흔의 '종심소욕불유구從心所欲不踰矩'도 마찬가지입니다. 평생을 배움에 힘쓴 결과, 이제는 "내 마음이 하고 싶은 대로 행동해도 도리에 어긋나지 않게 되었다"라고 본다면, 배움에서 졸업해도 되지 않나 싶기도 합니다.

하지만 저는 다르게 해석하고 싶습니다. "예순에 귀가 순해졌다"라는 말은 예순이 되면 귀를 닫아 버리는 사람이 많으니 귀가 순해져야 한다는 뜻이고, "일흔에 마음이 하고자 하는 대로 따라도 법도에 어긋나지 않았다"라는 말은 일흔이 되면 본인 주장을 고집하고 자기 생각만 옳다며 마음대로 행동하다가 잘못을 저지르는 사람이 많으니 그러지 말라는 경계라고 말입니다.

실제로도 그렇잖아요? 많은 사람이 나이가 들면 '꼰대'가 됩니다. 젊었을 때 포용력 있고, 남의 말에 귀 기울일 줄 알고, 자기 주관을 내세우지 않던 사람도 나이가 들면 고정관념에 사로잡히곤 합니다. 경험의 함정에 빠져 고집스러워지고, 내 생각만 옳다며 독선적이 되어 갑니다. 이를 막으려면 어떻게 해야 할까요? 끊임없이 배우고 성찰하는 길밖에 없습니다.

이처럼 공자의 생애는 끝없는 배움의 여정 그 자체였습니다. 그는 삶의 매 순간 배움을 멈추지 않았기 때문에 시련을 극복할 수 있었고 더 나은 사람이 될 수 있었습니다. 어린 나이에 부모를 모두 잃고 찢어지게 가난했던 '공구孔丘'가 '위대한 성인聖人 공자孔子'가 된 것은 이 '배움'을 빼놓곤 설명할 수 없습니다.

> ## 밥 먹는 것조차
> ## 잊을 만큼
>
> "너는 어찌 그렇게 말하지 않았느냐?
> 그 사람은 밥 먹는 것조차 잊을 정도로 분발하고,
> 그 즐거움에 근심을 잊을 정도여서
> 어느새 늙어 가고 있다는 것조차 모르는 사람이라고."
>
> 女奚不曰, 其爲人也, 發憤忘食, 樂以忘憂, 不知老之將至云爾?
>
> ○〈술이〉편

    군 복무를 마친 직후였습니다. 한 달 정도 푹 쉬겠다며 전략 시뮬레이션 게임을 시작했는데, 분명히 아침이었던 것 같은데 정신을 차리고 보니 한밤중이었습니다. 게임이 재밌어서 몰입하다 보니 시간 가는 줄 몰랐던 겁니다. 누구든 이런 경험이 있으실 거예요. 지금 하는 일에 정신없이 빠져들던 순간이요. 이럴 때면 배고픈 것도, 피곤한 것도 모두 잊어버립니다.

    공자는 공부할 때 그랬다고 합니다. 모르던 지식을 배우고 새로운 깨달음을 얻는 것이 너무나 즐거워서 밥 먹는 것조차 잊어버릴 정도였답니다. 그 즐거움이 온갖 근심을 잊게 했고,

나아가 세월이 흐르는 것조차 인식하지 못하게 했다니 정말 대단하다 싶습니다. 이렇게 공자처럼 배움에 몰입할 수 있다면 좋으련만, 저 같은 사람은 게임을 하거나 OTT를 시청할 때나 '밥 먹는 것을 잊는' 경지에 도달할 수 있습니다. 잠깐 집중하는 데 성공하더라도 계속 유지하기란 쉽지 않죠.

하지만 아예 불가능한 것은 아닙니다. 여러분이 강한 집중력을 발휘했던 경험을 떠올려 보십시오. 우선 몰입할 대상이 구체적이면서 내가 감당할 수 있는 내용이었을 겁니다. 나의 역량과 나에게 주어진 도전 과제가 서로 부합해야 하는 거죠. 내가 내용을 이해하지 못했거나 정해진 시간 안에 도저히 끝낼 수 없는 양이라면 집중력은 생겨나지 않습니다. 나를 방해하는 요소도 없어야 합니다. 나를 찾는 사람이 없고 스마트폰도 울리지 않아야 오롯이 정신을 한데 모을 수 있습니다. 하기 싫은 마음도 이겨 내야 합니다. 미루고 싶은 마음, 귀찮은 마음을 극복해야 합니다. 내일이 시험이거나 과제 제출일이라면 밤새 벼락치기를 하잖아요? 하기 싫긴 하지만, 반드시 해야만 한다는 자각이 엄청난 집중력과 인내력을 끌어내 줍니다.

그런데 뭐니 뭐니 해도 중요한 것은 내가 집중하려는 대상을 좋아하고 즐겨야 한다는 겁니다. 게임이 재밌고, 드라마가 재밌으니까 몰입하듯이 대상을 좋아해야 공자처럼 '밥 먹는 것을 잊고' '온갖 근심을 잊고' '늙어 가고 있다는 것조차 모를'

수 있습니다. 그렇다면 어떻게 해야 좋아하고, 또 즐거워할 수 있을까요? 이어지는 글에서 말씀드리겠습니다.

> ## 알아야
> ## 좋아할 수 있다
>
> ---
>
> 아는 것은 좋아하는 것만 못하고
> 좋아하는 것은 즐기는 것만 못하다.
>
> *知之者不如好之者, 好之者不如樂之者.*
>
> ○ 〈옹야〉 편

20세기 최고의 과학자 알베르트 아인슈타인은 아버지로부터 선물받은 나침반을 통해 과학에 흥미를 갖게 되었다고 합니다. 나침반이 항상 북쪽을 가리키는 것을 보고, 보이지 않는 힘에 관심이 생겼다는 겁니다. '크리스퍼 유전자 가위' 기술의 선구자인 제니퍼 다우드나도 소설책인 줄 알고 펼친 책《이중나선》에서 생명에 대한 호기심이 시작되었다고 하고요.

물론 모두가 우연한 호기심을 꿈으로 이어 가는 것은 아닙니다. 스스로 관심이 식어 포기하든, 힘들다고 중단하든, 그도 아니면 부모님이 쓸데없는 데 시간 쏟지 말고 학교 공부나 열심히 하라고 야단쳐서 그만두든, 호기심은 한때의 궁금증으로 끝나 버리는 경우가 많습니다. 꿈으로 이어진다고 해도 처음의 호기심을 끝까지 지켜 내며 자신의 길을 걸어가는 사람은 드뭅니다. 인생을 걸어야 하는 그 길은 절대 만만하지 않거든요. 꾸준한 노력 외에도 학비, 시간 등 들여야 할 게 많습니다. 심지어 운도 따라 줘야죠. 그런데도 이런 방해물들을 뚫고 나아간 사람들, 호기심을 꿈으로 만들고 꿈을 현실로 만든 사람들의 공통점은 그 과정을 즐겼다는 겁니다. 실험실에서 밤을 지새우는 날들을 즐겼고, 논문과 책들 사이에서 발견한 작은 실마리 하나에 희열을 느꼈습니다. 즐거워했기에 절실할 수 있었고, 즐거워했기에 포기하지 않고 꾸준할 수 있었습니다. 공자가 "아는 것은 좋아하는 것만 못하고, 좋아하는 것은 즐기는 것만 못하다"라고 말하는 것은 그래서입니다. 어떤 대상에 대해 잘 알고 있다고 해도 그 대상을 좋아해서 늘 가까이하고 있는 사람에는 못 미칠 수밖에 없습니다. 그 대상을 좋아해서 늘 가까이한다고 해도 그것에 정신없이 빠져들어 즐기는 사람을 당할 수는 없습니다.

    그렇다면 어떻게 해야 즐길 수 있을까요? 우연인 듯 찾아온 호기심과 흥미를 잘 살려 가야 합니다. 뭐든 내가 재밌어야 계속하는 법이니까요. 한데 꼭 필요한 게 있습니다. 바로 '앎'과 '배움'입니다. 흔히 '아는 것' '좋아하는 것' '즐기는 것'을 별

개로 생각합니다. 하지만 알지 못하는 대상을 좋아할 수는 없습니다. 독서나 공부를 통해 먼저 그 내용을 알아야 합니다. 그래야 점점 더 빠져들게 되고, 재밌어지고, 마침내 그것을 좋아할 수 있게 됩니다. 야구에 대해 아무것도 모르는 소년이 배트를 휘둘러 공을 맞혔다고 합시다. 시원한 타격감에 짜릿한 전율을 느꼈다고 해서 계속 무작정 배트만 휘두른다면 어떻게 될까요? 금방 흥미를 잃을 겁니다. 야구의 규칙과 기술을 먼저 알아야 재미를 이어 갈 수 있습니다.

이처럼 우리는 알아야 좋아할 수 있습니다. 좋아하게 되면 거기에 더 많은 시간을 쏟으며 파고들게 되겠지요. 응용하고 확장하고 새로운 시도를 할 겁니다. 그렇게 점점 더 나아가면 내가 이것을 완벽히 장악하고 손안에서 가지고 놀 수 있는 순간이 옵니다. 탁월해지는 거죠. 바로 즐기는 경지입니다. 즉, 알아야 좋아할 수 있고 좋아해야 즐길 수 있는 거죠. 그런데 우리는 알아도 좋아하거나 즐기는 단계로 발전시키지 못하는 경우가 대부분입니다. 이는 앎이 나의 호기심에서 시작하지 못했기 때문입니다. 나의 흥미나 관심사와는 상관없이 그저 대학에 가기 위해서나 좋은 성적을 받기 위해서, 취업하기 위해서 '안 것'들이 많다 보니 그다음 단계로 넘어가기가 힘든 것입니다. 그러니 스치듯 생겨난 호기심이라고 해서 소홀히 하지 마십시오. 쓸데없어 보이는 망상이라 해서 이내 접어 버리지 마십시오. 그것에 대해 알아 가는 과정이 재밌다면 더더욱 그래야만 합니다. 여러분이 그것을 즐길 수 있는 단계에 도달하게 된다면 그것이 무엇이든, 여러분의 꿈은 현실이 되어 있을 겁니다.

> ## 배움과 생각은
> ## 떨어질 수 없다
>
> 배우되 생각하지 않으면 남는 것이 없고,
> 생각하되 배우지 않으면 위태롭다.
>
> 學而不思則罔 思而不學則殆.
>
> ◦ 〈위정〉 편

《논어》는 "배우고 때에 맞게 익히면 또한 기쁘지 않은가?" 라는 문장으로 시작합니다. 새로운 지식을 배우고 그때그때 내 것으로 만들면 얼마나 기쁘냐는 것이죠. 여러분은 공자의 이 말에 공감하시나요? 물론 끙끙거리며 어려운 수학 문제를 풀어냈을 때, 열심히 공부해서 좋은 성적을 받았을 때 큰 기쁨을 느꼈을 겁니다. 고민했던 만큼 짜릿했을 거예요. 하지만 배움 자체가 기뻤던 분은 많지 않았을 겁니다. 여러 이유가 있겠지만 우리가 주로 암기 위주의 주입식 공부를 해 와서 그렇습니다. 원리를 이해하기보다는 외우는 일이 먼저였으니까요.

'왜'라고 질문할 시간에 단어 하나를 더 외워야 했고, 문제 하나를 더 풀어야 했습니다. 이야기와 맥락은 제거된 채 연도와 명칭만 외우는 역사 공부에서 과연 기쁨을 느낄 수 있을까요? 배운 걸 충분히 곱씹어 볼 시간도 없었죠. 기쁨을 말하기엔 어려운 환경이었습니다.

이는 사회 구조적인 문제이니 혼자 힘으로 해결할 순 없겠지만, 그렇다고 그냥 놔둘 수도 없습니다. 우리가 배우는 목적이 성장하기 위해서고 더 나은 길을 찾기 위해서라면 배움을 진정한 내 것으로 만들어야 합니다. 어떻게 해야 가능할까요? 무엇보다 '배우기'와 '생각하기'를 함께해야 합니다. 무릇 배움이란 내 밖에 있는 것을 안으로 가져오는 행위입니다. 선생님이든 책이든 논문이든 AI든 외부의 어떤 대상으로부터 지식을 습득하여 나의 기억에 저장하는 일이죠. 반면 생각은 내면에서 이루어집니다. '나'라는 주체 안에서 벌어지는 정신 활동입니다. 이 둘 중 어느 하나만으로는 좋은 결과를 가져올 수 없습니다. 배우면서 생각하고, 생각하면서 배우는 '학이사學而思' '사이학思而學'의 자세가 필요한 겁니다.

조금 더 자세히 말씀드려 보겠습니다. 공자는 〈위령공〉 편에서 "나는 일찍이 온종일 먹지도 않고 밤새도록 자지도 않고 생각해 보았으나 무익했다. 배우는 것만 못하였다"라고 하였습니다. 깊이 생각하는 것, 물론 중요하죠. 옳고 그름을 가리고 더 나은 방향을 고민하고, 마음의 중심을 잡고, 좋은 선택을 하는 이 모든 것들이 '생각'에서 나옵니다. 의문을 품는 것, 상상력을 발휘하는 것도 생각이 주는 힘입니다. 한데 공자는 왜 생각하는 것이 배우는 것만 못하다고 말하는 것일까요? 이는 생각 자체가 무익하다는 것이 아니라 배움이 뒷받침되지 않은 채 생각'만' 하는 것이 무의미하다는 뜻입니다. 우리가 성찰하고, 판단하고, 의문을 가지려면 우선은 아는 게 있어야 하잖아요. 배경지식이 하나도 없는데 생각을 '잘' 할 수 있는 사람은 없습니다.

더욱이 배움은 생각을 뒷받침하고 발전시키는 역할을 합니다. 배워야만 내 생각이 맞는지 틀리는지 검증할 수 있고, 부족한 부분을 보완할 수 있습니다. 생각은 열심히 하는데 배움을 병행하지 않는다면 그 생각은 망상에 그치거나 혼자만의 고집이나 독선으로 흐를 가능성이 큽니다. 이러한 사람은 자기 생각에만 갇혀 있기에 다른 사람들과 소통하기도 어렵습니다.

배우기만 하고 생각하지 않는 태도도 문제입니다. 배우고 생각하지 않으면 배우는 기쁨을 느끼기 어렵다고 말씀드렸는데, 그뿐만이 아닙니다. 고민과 성찰이 이루어지지 않았으니 배운 내용을 제대로 소화할 수가 없습니다. 배움을 내 것으로 만드는 과정이 생략된 셈이니 배운 내용은 그저 머릿속에 외우고 있는 지식에 불과하게 됩니다. 다른 사람의 주장을 무비판적으로 수용하는 잘못을 저지르기 쉬워지고, 응용도 하지 못하죠. 아무리 훌륭한 가르침을 얻고 새로운 지식을 배웠다고 한들, 최고의 기술이 집약된 AI를 활용한다 한들 생각하지 않는다면 내가 성장할 수 없습니다. 이러한 까닭에 공자가 "배우되 생각하지 않으면 남는 것이 없고, 생각하되 배우지 않으면 위태롭다"라고 경계한 것입니다.

그러므로 우리는 열심히 배우는 동시에 열심히 생각해야 합니다. 상황에 따라서 배움이 먼저일 때도 있고 생각이 먼저일 때도 있겠지만 반드시 배움과 생각은 함께가야 합니다. 배움과 생각이 서로의 시작과 끝이 되어 뫼비우스의 띠처럼 끝없이 계속되어야 합니다. 그런 꾸준한 노력이 있어야 나의 지혜가 늘어나고 사고의 폭이 넓어질 수 있습니다. 나와 지식이, 나와 세상이 유기적으로 연결되며 성장해 갈 수 있습니다. 공자는 우리에게 이 점을 당부하고 싶었을 겁니다.

'하나'로써 관통하려는 사람

공자께서 말씀하셨다. "사야, 너는 내가 많이 배워서 그것을 기억하는 사람이라고 생각하느냐?" 자공이 대답했다. "네, 그렇습니다. 아닙니까?" 공자께서 말씀하셨다. "아니다. 나는 하나로써 관통할 따름이다."

子曰, 賜也! 女以予爲多學而識之者與? 對曰, 然, 非與? 曰, 非也 予一以貫之

○ 〈위령공〉 편

아무리 똑똑한 사람이라도 모든 지식을 다 알고 배운다는 것은 불가능합니다. 아니, 애초에 그럴 필요가 없습니다. 쓸모없는 지식이나 굳이 배워서 기억할 필요가 없는 지식도 많으니까요. 더구나 요즘은 궁금한 게 있으면 바로 스마트폰을 열어서 검색하거나 AI에 물어보면 되잖아요. 단 몇 초면 수많은 정보와 만날 수가 있습니다. 물론 머릿속에 지식이 있어야 인출도 빠르겠지만 어쨌든 우리가 중점을 두고 배워야 할 것은 개별 지식이 아니라, 그 지식의 핵심이 되고 토대가 되는 '원리'입니다. 그래서 공자는 자신은 많이 배워서 그것을 기억하는 사람이 아니라 '하나'로써 관통하려는 사람이라고 말하는 겁니다. 그는 〈이인〉 편에서도 "나의 도는 '하나'의 원리로 꿰고 있다"라고 이야기하죠.

제 경험을 말씀드리면, 저는 신문 칼럼, 잡지 연재글, 연설문, 논문, 대본, 교양서 등 다양한 글을 쓰고 있습니다. 때때로 보고서와 기획서, 사업 신청서 같은 글도 쓰죠. 글마다 목적과 성격이 다르다 보니 형식과 스타일, 주로 사용하는 어휘에도 차이가 나는데 그래도 통하는 게 있습니다. 어떤 글을 쓰든 '구성력'이 필요하죠. 저에게 '하나'는 바로 '구성력'인 셈입니다. 그런데 이 '구성력'은 비단 글쓰기에만 요구되는 게 아닙니다. 무언가를 효과적으로 설계하려는 모든 사람에게 필요한 원리죠.

여러분의 '하나'는 무엇인가요? 아직 없다면 앞으로 무엇을 가지고 관통하려 하시나요? '하나'가 수학 공식처럼 다양한 문제를 해결할 실마리여도 좋고, 어떠한 상황에서든 지킬 자신의 신념이어도 좋습니다. 그것이 어떤 것이든 '일이관지一以貫之'할 각자만의 원리를 가지고 계시면 됩니다. 다만 말씀드리고 싶은 것은 무엇을 가졌느냐가 중요한 게 아니라, 어떻게 하면 그 '하나'를 보다 튼튼하고 생명력 있게 유지할 것인지 항상 고민하고 노력해야 한다는 겁니다.

활용하기 위해
배운다

"시 삼백 편을 외우더라도, 그에게 정치를 맡겼을 때 잘 해내지 못하고, 외국에 사신으로 가서 독자적으로 응대하지 못한다면, 비록 많이 외웠더라도 무슨 소용이 있겠는가?"

子曰, 誦詩三百, 授之以政, 不達, 使於四方, 不能專對, 雖多, 亦奚以爲?

° 〈자로〉 편

공자는 시 삼백 편을 외우더라도 이를 현실에서 활용하지 못하면 의미가 없다고 하였습니다. 시와 정치, 외교가 무슨 상관이 있느냐고 생각하시겠지만, 동양에서 시는 인간을 이해하는 중요한 교과서였습니다. 공자는 〈양화〉 편에서도 "자네들은 어찌하여 시를 배우지 않는가? 시는 감흥을 불러일으킬 수 있고 풍속의 성쇠를 살필 수 있게 하며, 사람과 잘 어울릴 수 있게 하고, 윗사람의 잘못을 풍자할 수 있으며, 가까이는 부모를 섬기는 도리가 있고, 멀리는 임금을 섬기는 도리가 있으며, 새와 짐승과 초목의 이름을 많이 알게 해준다"라고 말한 바 있습니다. 시를 통해 인간이 살아가며 맞닥뜨리는 다양한 상황과 감정을 이해할 수 있다는 겁니다. 그래서 우리 선조들은 시가 문인이나 학자의 소양일 뿐만 아니라 정치가와 외교관의 필수 소양이라고 여겼습니다. 시를 통해 백성의 생활과 감정을 이해할 수 있을 뿐 아니라 정제되고 함축적인 언어로 정치적·외교적 수사를 주고받을 수 있었거든요.

"새와 짐승과 초목의 이름을 많이 알게 해 준다"라는 설명도 주목할 필요가 있습니다. 이 말은 내 어휘력을 늘릴 수 있다는 뜻입니다. 어휘가 늘면 표현력이 늘어나고, 생각의 폭도 넓어지게 됩니다. 이것은 요즘 현대인에게 더욱 필요한 부분이죠. 가령 생성형 AI는 같은 내용이라도 질문의 표현을 어떻게 하느냐에 따라 확연히 다른 답을 도출합니다. 효과적인 프롬프트 설계법, 즉 생성형 AI에 어떻게 질문할지를 교육하는 프로그램이 나왔을 정도로 질문을 잘하는 일이 중요해졌습니다. 그러려면 무엇보다 자기 생각을 정확하고 자세하게 전달할 수 있어야겠죠. 당연히 어휘력과 표현력이 풍부해야 합니다.

배움은 어떤 걸 외우고 기억하느냐가 아니라, 내가 가진 지식을 어떻게 활용하느냐에 중점을 두어야 한다고 생각합니다. 물론 교과서 속 기초 지식을 습득하는 일도 필요하지만, 그것은 배움의 출발점일 뿐 종착지가 될 순 없습니다. 내가 익힌 지식을 현실에 접목해 보고, 내가 가진 정보를 다양한 각도에서

응용할 줄 알아야 한다는 것을 공자는 강조하고 있는 겁니다.

이 말은 단순 지식을 '개념 지식conceptual knowledge'으로 바꿀 수 있어야 한다는 뜻이기도 합니다. 예컨대 심리학에서 얻은 지식을 경영, 경제, 정치, 교육, 인간관계의 다양한 범주와 상황에 적용할 수 있어야 한다는 것이죠. 그러려면 서로 다른 분야에서 유사성을 찾아내고, 현실의 맥락과 변수를 분석할 수 있는 '눈'이 필요할 겁니다.

훔치기 쉬운
세상일지라도

공자께서 말씀하셨다. "사야, 너도 미워하는 것이 있느냐?" 자공이 대답했다. "남의 것을 훔쳐서 자기 것인 양 베끼는 사람을 미워하고, 겸손하지 않은 것을 용맹하다고 여기는 자를 미워하고, 남의 비밀을 들춰내는 것을 정직하다고 생각하는 자를 미워합니다."

曰, 賜也, 亦有惡乎? 惡徼以爲知者, 惡不孫以爲勇者, 惡訐以爲直者.

◦〈양화〉편

여러분은 어떤 사람을 미워하십니까? 자공은 세 가지 유형을 거론하는데요, 이 장의 주제가 배움이니만큼 자공이 첫째로 말한 "남의 것을 훔쳐 자기 것인 양 베끼는 사람", 즉 다른 사람의 생각이나 주장, 창작물을 표절하여 자기 것처럼 내세우는 사람에 대해 이야기해 보려 합니다.

오늘날에도 표절은 사라지지 않고 있습니다. 학계에서도 표절이 발각되어 논문을 게재한 학술 잡지와 소속 대학이 홍역을 치르는 일이 드물지 않습니다. 학생들에게서도 표절이 심심치 않게 발견됩니다. 왜 표절이 나쁜 행위인지, 다른 사람이 쓴 글을 인용하고 싶을 때는 어떻게 해야 하는지를 설명해도 여전히 표절한 과제물을 제출하는 학생들이 있습니다. 표절하면 과제를 손쉽게 끝낼 수가 있기 때문이겠죠. 학생들에게 '턴잇인'이나 '카피킬러' 같은 표절 검사 프로그램을 사용하겠다고 공언해도 근절되지 않습니다. 생성형 AI가 등장한 이후로는 그야말로 표절과의 전쟁이 벌어지고 있습니다. 리포트 과제 부여를 아예 포기하기도 하죠. 그렇다고 AI를 사용하지 말라는 뜻은 아닙니다. 챗지피티에게 어떤 질문을 했고, 어떤 답을 얻었고, 어떻게 검증했는지를 분명히 밝힐 수 있다면 괜찮습니다. 그 자체로 좋은 공부니까요. 하지만 적지 않은 학생들이 AI의 답을 그대로 가져와서 내가 쓴 답처럼 내놓곤 합니다.

어떤 사람들은 이렇게 된 원인을 디지털 기술의 탓으로 돌립니다. 인터넷 접근성이 좋아지면서 검색만 잘하면 금방 필요한 자료를 얻을 수 있게 되었고, 'Ctrl-C'와 'Ctrl-V'로 그 자료를 내 것처럼 만드는 일도 너무나 쉬워졌습니다. 위키피디아나 나무위키 같은 위키 사이트에 적힌 자료들, 생성형 AI가 제공하는 정보들은 언제든지 나를 가져다 쓰라고 유혹하는 것처럼 보입니다. 한마디로 표절하기 쉬운 환경이라는 거죠. 그러나 잘못된 현상이 나타나는 이유는 사물에 있는 것이 아니라 사람에게 있습니다. 디지털 기술 안에 그렇게 될 수 있는 '가능성'이 잠재해 있다고 해도 사람이 그것을 올바르게 사용한다면 표절이라는 폐해는 일어나지 않을 겁니다.

　따라서 표절이 쉬워진 만큼 왜 표절하면 안 되는지 그 이유를 더욱 분명하게 인식해야 합니다. 먼저 표절은 내가 성장할 기회를 스스로 내던져 버리는 일입니다. 표절을 반복하다 보면 나의 지적 역량은 퇴보하고 맙니다. 다음으로 표절은 지식을 도둑질하는 행위입니다. 남의 것을 내 것이라고 주장한다는 점에서 다른 사람을 기만하고 자기 자신을 속이는 일이기도 합니다. 나아가 표절하는 행태가 만연하면 그 사회는 신뢰를 상실할 수밖에 없습니다. 이 글을 과연 저 사람이 쓴 게 맞는지 의심하게 되고, 타인의 노력을 가로채는 일을 무감각하게 만듭니다.

　자공은 바로 이러한 상황을 걱정하는 것입니다. 비단 표절만이 아니라 남의 아이디어와 공로를 훔치는 사람들, 그것을 자신의 성과인 양 거짓말하는 사람들이 가져올 신뢰의 위기를 우려하는 것입니다. 당장은 별일 아닌 것처럼 보여도 공동체를 흔들 수 있는 일임을 경고하고 싶었던 것입니다. 그래서 "저는 남의 것을 훔쳐 자신의 지식으로 삼는 사람을 미워합니다"라고, 자공은 엄숙히 말하는 거죠.

모두가
나의 스승이다

공자께서 말씀하셨다.
"세 사람이 길을 가면 반드시 그 안에 나의 스승이 있으니, 좋은 점을 골라서 따르고 좋지 않은 점은 가려내어 고쳐야 한다."

子曰, 三人行, 必有我師焉, 擇其善者而從之, 其不善者而改之

○ 〈술이〉편

공자의 어록 중에 논란이 되는 말이 하나 있습니다. 〈학이〉편의 "나보다 못한 사람을 사귀지 말라"는 구절입니다. 얼핏 보면 합리적이긴 하죠. 나보다 나은 사람과 친하게 지내야 내가 배우는 바가 있을 테고, 나에게 도움도 될 테니까요. 그런데 너무 이익을 따지는 것 같잖아요. 공자가 과연 자신에게 도움이 되는지 아닌지를 가지고 친구 삼는 기준을 정했을까 하는 의문도 들고요. 이 말은 나보다 부족한 친구를 물리치고 가려내라는 뜻으로 받아들여서는 안 됩니다. 누구든 포용하고 보듬어 주되, 기왕이면 나보다 나은 점이 있고 내가 배울 점이 있는 사람을 곁에 두라는 말로 이해하면 됩니다.

설령 나보다 나이가 어리고, 경험이 부족하고, 직급이 아래인 사람이더라도 마찬가지입니다. 공자는 위나라의 대부 공문자를 두고 "그는 아랫사람에게 묻는 것을 부끄럽게 여기지 않았다"라며 높이 평가했습니다. '불치하문不恥下問'이란 고사성어가 여기서 유래했습니다. 우리는 대부분 아랫사람에게 질문하거나 아랫사람으로부터 배우길 꺼립니다. 어딘가 부끄럽고 내 체면이 손상된다고 생각하죠. 하지만 나보다 밑에 있는 사람이라도 나보다 잘 아는 부분이 있을 테고 나보다 뛰어난 점도 있을 겁니다. 그러니 내가 배울 게 있다면 그의 나이가 어떻건 그의 신분이 어떻건, 질문하길 주저해서는 안 됩니다.

그런데 나보다 나은 사람에게만 배울 것이 있을까요? 다른 사람에게서 본받을 만한 점은 당연히 따라 익히고 닮고자 노력하겠지만, 나쁜 점은요? 누군가를 보면서 '난 절대 저러지 말아야지' '저렇게 하니까 실패했지' 등의 생각이 들었다고 합시다. 이것도 소중한 교훈이고 배움입니다. '반면교사反面敎師'라고 하잖아요. 다른 사람의 좋지 않은 면을 통해서도 가르침을 얻는 거죠. 그걸 보면서 내 안의 나쁜 싹을 잘라 내고, 시행착오를 미리 예방할 수 있다면 그 역시 내게 소중한 스승입니다. 그래서 공자는 세상 모두가 나의 스승이 될 수 있다고 강조하는 겁니다.

나를 위해 공부하면
끝없이 배운다

옛날 배우는 자는 자신을 성장시키기 위해 공부했고,
지금 배우는 자는 남에게 인정받기 위해 공부한다.

古之學者爲己 今之學者爲人.

◦ 〈헌문〉 편

우리가 공부하는 이유는 자아를 실현하고 인생을 잘 살아가기 위해서라고 말씀드렸습니다. 하지만 현실적으로 '평가와 인정'도 무시할 수 없습니다. 자아실현과 행복한 삶이 타인과의 관계 속에서 추진되고, 사회라는 틀 안에서 이루어지기 때문입니다. 그러니 좋은 학교에 진학하고 원하는 직장에 취업하기 위해 밤을 지새워 가며 공부하거나, 직장에서도 더 좋은 성과를 내기 위해 부단한 노력을 쏟는 겁니다.

이는 절대 나쁜 것이 아닙니다. '평가와 인정'도 공부하는 중요한 이유가 되고 나를 성장시키는 원동력이 됩니다. 다만 그것이 궁극적인 목적이어서는 안 된다는 겁니다. 생각해 보세요. 학점 4.5를 받는 것이 배우는 목적이고, 토익 950점을 받는 것이 공부하는 이유라면 그것을 달성한 후에는 어떻게 될까요? 해외 유명 저널에 논문을 게재하고 공인 회계사 시험에 합격하는 것만이 지상 목표라면, 그것을 이룬 뒤에도 계속 열심히 배움에 힘쓸 자신이 있나요?

분명 훌륭한 성과이고 인정받을 만한 결과지만, 그 지점에서 더는 나아가질 못할 겁니다. 오로지 평가받기 위해 공부하다 보니 공부의 내용과 방향이 좋은 성적을 내는 데만 초점이 맞춰졌겠죠. 폭넓게 공부하고 깊이 있게 성찰할 기회를 놓쳤을 겁니다. 그래서 공자는 자신의 성장에 배움의 목표를 두라고 말하는 겁니다. 평가받기 위한 공부, 보여주기 위한 공부, 성과 위주의 공부가 아니라 오롯이 나 자신을 위한 공부를 하라는 거죠.

이처럼 '나'가 공부의 목적이 된다면 내가 가진 가능성과 잠재력만큼이나 배움에도 끝이 없을 것입니다. 산 정상 위에 올라도 이내 더 높은 산을 찾아 오르게 될 겁니다. 좋은 성적, 사회의 인정, 당연히 중요합니다. 하지만 내가 어떤 평가를 받는지보다, 내가 무엇을 느끼고 있는지, 내가 하는 그 일이 나를 어떻게 성장시킬지가 더 중요합니다. 그런 차이가 쌓이고 쌓이면 이 세상에 결코 지울 수 없는 자취가 남게 될 겁니다.

'하등 인간'이 되지 않으려면

공자께서 말씀하셨다. "태어나면서부터 아는 사람이 최상이고, 배워서 아는 사람이 그다음이고, 곤란함을 겪고 나서야 배우는 자가 또한 그다음이니, 곤란함을 겪었는데도 배우지 않는다면, 그런 사람은 최하가 되는 것이다."

孔子曰, 生而知之者, 上也, 學而知之者, 次也, 困而學之, 又其次也, 困而不學, 民斯爲下矣.

。〈계씨〉 편

어릴 때부터 놀라운 지적 능력과 훌륭한 판단력을 보여 주는 사람이 있습니다. 누가 가르쳐 주지 않았는데도 말이죠. 하지만 이런 사람은 매우 드뭅니다. 대부분 부족한 상태로 태어나죠. 이 부족한 부분을 채우기 위해 우리는 배워야 하는 겁니다. 공자는 《논어》 〈술이〉 편에서 "나는 결코 태어나면서부터 아는 사람이 아니다. 그저 옛 가르침을 좋아하여 부지런히 탐구해 알게 된 사람일 뿐이지"라고 말한 바 있습니다. 자신은 배워서 알게 된 사람이라는 겁니다.

그런데 만약 배우려 하지 않으면 어떻게 될까요? 사람 뇌의 신경 세포가 1000조 개의 시냅스로 연결되었을 정도로 잠재력이 크다고 해도, 배움을 통해 지속해서 새로운 자극을 주지 않으면 그 시냅스들은 이내 단절된다고 합니다. 배우지 않으면 지적 능력이 퇴보하는 겁니다. 한데도 많은 사람이 스스로 배우려 하질 않습니다. 귀찮거든요. 공자가 '곤困'이란 글자를 사용했는데, 사람은 대개 배움이 부족하여 어려운 일을 당했거나 곤란한 처지에 놓인 뒤에야 공부할 마음을 먹는다는 겁니다. 물론 여기에도 사람마다 차이가 있을 겁니다. 이대로는 안 된다는 걸 깨닫고는 깊이 반성하고 노력하는 사람이 있을 테고, 혼나는 것이 무서워서 혹은 남의 시선 때문에 억지로 공부하는 사람도 있겠죠. 후자라고 해도 어쨌든 배우긴 하는 것이니만큼 구제 불능은 아닙니다.

하지만 곤란함을 겪은 뒤에도 여전히 배울 생각을 하지 않는 사람이 있습니다. 배우기가 귀찮아서든 아니면 내 생각이 옳다는 고집 때문이든, 이는 스스로 자신의 성장을 차단하고 '자포자기自暴自棄', 자기를 포기하고 버리는 일입니다. 이런 사람은 공자의 말처럼 최하등 인간이 되고 맙니다. 최소한 이런 지경에 이르는 것은 피해야 하지 않을까요?

잊지 않는
유일한 방법

자하가 말했다. "날마다 모르던 것을 알게 되고 달마다 알았던 것을 잊지 않는다면, 학문을 좋아한다고 말할 만하다."

子夏曰, 日知其所亡, 月無忘其所能, 可謂好學也已矣.

○〈자장子張〉편

앞서《논어》는 "배우고 때에 맞게 익히면 또한 기쁘지 아니한가?"라는 문장으로 시작한다고 말씀드렸습니다. 여기서 '익히다'의 한자가 습習인데요,《논어》의 대표적인 영어 번역서인 제임스 레그의《Confucian Analects》를 보면 '습'을 'constant perseverance and application'이라고 풀이합니다. 즉, '습'이라는 글자에는 새로운 지식을 배우는 것뿐 아니라, 배운 지식을 끊임없이 반복해 되새기고 응용해야 한다는 의미가 담겨 있는 거죠.

누구나 이런 경험이 있으실 겁니다. 시험 보기 전날 벼락치기로 좋은 성적을 받았는데, 얼마 지나지 않아 외운 걸 금세 잊어버리고만 경험이요. 심지어 학기가 끝나고 나면 자신이 그런 걸 배웠다는 사실조차 망각한 적도 있었을 겁니다. 저는 수업 시간에 학생들의 이름을 금방 외우는 편입니다. 몇 주만 지나면 출석부를 보지 않아도 출석을 부를 수가 있습니다. 그런데요, 종강하고 나면 기억이 나질 않습니다. "교수님! 안녕하세요?"라고 인사하는 학생을 보면서 당황했던 적이 한두 번이 아닙니다.

이와 같은 일들은 뇌의 '단기 기억'을 '장기 기억'으로 전환하지 못했기 때문에 벌어집니다. 우리가 공부하는 동안 뇌에서는 시냅스 연결이 활성화되고 공부한 내용을 담는 신경세포 회로가 만들어집니다. 그런데 우리의 뇌는 잘 쓰지 않는 기억은 이내 지워 버리죠. 따라서 기억을 오랫동안 저장시키게 하는 작업이 필요합니다. 이를 뇌과학에서는 '응고화consolidation'라고 부릅니다. 아직 이 메커니즘을 모두 규명해 내지는 못했습니다만 기본 조건은 끊임없는 반복을 통해 숙달하는 것입니다. 여러분도 오래 기억하고 싶은 게 있다면 배운 다음 날, 일주일 후, 한 달 후, 계속 반복해 되새겨 보세요. 배운 바가 나를 떠나는 일은 없을 겁니다.

잘못으로부터 배운다

> 애공이 물었다. "제자 중에서 누가 배우기를 좋아합니까?" 공자께서 답하셨다. "안회라는 이가 있어 배우기를 좋아했습니다. 그는 노여움을 옮기지 않았고 잘못을 두 번 거듭하지 않았는데 불행히도 단명하여 죽고 말았습니다. 지금은 아무도 없으니, 배우기를 좋아한다는 자를 들어본 적이 없습니다."
>
> 哀公問, 弟子孰爲好學? 孔子對曰, 有顔回者好學, 不遷怒, 不貳過, 不幸短命死矣. 今也則亡, 未聞好學者也.
>
> ◦ 〈옹야〉 편

공자에게는 수많은 제자가 있었습니다만 수제자라고 부를 수 있는 사람을 꼽으라면 안회, 자로, 자공 정도일 겁니다. 그중에서도 안회가 독보적인데요, 공자는 안회의 덕과 자질에 감탄했을 뿐 아니라 심지어 자기보다 낫다고 평가하기도 했습니다. 하지만 안타깝게도 안회는 일찍 세상을 떠납니다. "하늘이 나를 버리시는구나!"라며 통곡한 공자는 그 후에도 제자를 많이 그리워했는데요, 앞에서 소개한 노나라의 군주 애공과의 대화에서도 그런 공자의 마음이 잘 드러납니다. 그런데 여기서 눈여겨볼 대목이 있습니다. 배우길 좋아했던 안회에 관해 이야기하면서 그 특징으로 "노여움을 옮기지 않았고, 잘못을 두 번 거듭하지 않았다"라고 설명하는 부분입니다.

먼저, '노여움을 옮기지 않는다'는 것은 감정으로 인해 흐트러지지 않았다는 뜻입니다. 사람이 화가 나면 눈에 뵈는 게 없다고 하잖아요. 욱해서 실수하거나 후회할 말을 내뱉은 경험을 다들 가지고 계실 겁니다. 그러면 안 된다는 것을 알면서도 감정을 제어하지 못해 잘못을 저지르는 거죠. 그렇다고 노여운 감정 자체를 없애야만 한다는 뜻은 아닙니다. 그 감정에 지지 말고, 적절하게 발산하도록 노력해야 한다는 것입니다. 이는 바로 배움을 통해서 가능합니다.

흔히 '배움' 하면 지식을 쌓는 것만 생각하지만 수양도 배움입니다. 내 감정의 상태를 살피고, 흔들리는 순간 즉각 이를 바로잡으려면 평소 배움을 통해 마음의 역량을 키워 놓아야 합니다. 공자는 《논어》〈계씨〉 편에서 '분사난忿思難'이라며 화가 날 때는 내가 화를 냄으로써 생겨날 어려움을 생각하라고 말했습니다. 예전에 곤란했던 경험을 떠올리며 마음을 가라앉히라는 거죠. 이는 과거의 경험으로부터 배우고 성찰하지 않는다면 불가능한 일입니다.

다음으로, '잘못을 두 번 거듭하지 않았다'는 말은 어떤 의미일까요? 이 말 또한 잘못을 아예 하지 말라는 뜻이 아닙니다. 잘못해도 되고 실수해도 됩니다. 다만 그 원인을 분명히 인지하고 개선하여 똑같은 잘못을 되풀이하지 말라는 겁니다. 잘못을 직시하여 부족한 점을 확인하고, 나의 단점을 보완하는 계기로 삼으라는 말입니다. 그리고 이는 오직 사람만이 할 수 있는 일이기도 합니다. AI는 알고리즘을 따라갈 뿐 자기를 점검하고 성찰하여 스스로 방향을 수정하지 못합니다. 이에 비해 사람은 잘못을 되풀이하지 않기 위해 스스로 알고리즘을 바꿀 역량을 가지고 있죠.

안회가 잘했다는 이 두 가지는 얼핏 평범해 보입니다. 한데 말처럼 쉽지 않습니다. 실천하기 쉬운 일이었다면 공자가 안회를 설명하는 말로 쓰지 않았을 겁니다. 그렇다고 해도 우리는 안회처럼 '노여움을 옮기지 않고 잘못을 두 번 거듭하지 않기' 위해 계속해서 노력해야 합니다. 마음의 평정심을 유지해야 올바르게 행동할 수 있고, 실패로부터 배워야 성장할 수 있을 테니까요.

AI가 아무리 똑똑해지더라도

공자께서 말씀하셨다. "알려고 애쓰지 않으면 일깨워 주지 않고, 표현하려고 애쓰지 않으면 말해 주지 않으며, 한 모서리를 들어 보여 주었는데도 다른 세 모서리를 유추하지 못한다면, 다시 더 가르쳐주지 않는다."

子曰, 不憤不啓, 不悱不發, 擧一隅不以三隅反, 則不復也.

॰ 〈술이〉 편

배움은 능동적이어야 합니다. 스스로 먼저 찾아보고 질문할 생각은 하지 않고 그저 선생님이 가르쳐 줄 때까지 기다리고만 있으면, 오직 선생님이 알려 주는 지식만큼만 알게 될 뿐입니다. 그것조차 내 것으로 만들기 쉽지 않을 수도 있습니다. 스스로 질문하고, 파고들고, 그 주제에 대한 자기 생각을 세우지 못하면 언제 배웠냐는 듯 사라지고 말 겁니다. 그래서 공자는 스스로 알려고 애쓰지 않으면 일깨워 주지 않고, 자기 생각을 표현하려고 애쓰지 않으면 말해 주지 않겠다고 말하는 겁니다. '계발啓發'이란 단어가 바로 여기서 유래했죠.

그런데 공부는 여기서 끝나면 안 됩니다. 알려고 애쓰고, 표현하려고 애쓰는 것은 '배운 지식'의 틀 안에서 이루어지는 행위입니다. 지식을 더욱 깊고 정확하게 배우게 될 진 몰라도 이 지식을 넘어서는 새로운 지식이나 통찰로 발전하진 못합니다. 그래서 중요한 것이 '유추'입니다. 유추란 '유비에 근거한 추론', 즉 속성, 관계, 구조, 절차 면에서 유사하다면 어떤 대상에서 일어난 현상이 다른 대상에서도 일어날 거라고 추리하는 논리적 과정을 말합니다.

이 유추는 '오늘 비바람이 심하게 불고 날씨가 궂은 날에는 식당을 찾는 사람이 많지 않으니, 지금 식당에 가면 사람이 별로 없을 것'이라는 일상생활에서의 사소한 추리부터, 수학과 과학 분야까지 널리 활용됩니다. 동물이나 곡물의 품종을 개량하는 것을 보고 '자연 선택설'에 입각한 진화론을 끌어낸 찰스 다윈, 만유인력의 법칙에서 착안해 정지해 있는 두 개의 점전하(부피가 없이 전하량만 갖고 있으며 공간의 한 점에 존재하는 가상의 입자) 사이에 작용하는 힘에 대한 규칙을 도출한 샤를 쿨롱도 모두 '유추'를 통해 자신의 이론을 정립할 수 있었습니다.

요컨대, 유추는 기존 지식의 토대 위에서 미지의 지식으로 나아가는 사고 활동입니다. 주체적이고 능동적으로 나의 지식을 확장하는 노력입니다. 이것이 무작정 상상하기만 한다고 되는 것은 아닙니다. 분석력, 논리력, 판단력 등 깊이 있는 사고력이 필요하고, 이것은 유추하려는 나의 노력을 통해 길러질 수 있습니다. 이는 앞으로 AI의 추론과 유추 능력이 아무리 발달하더라도, 우리에게도 꼭 필요합니다. 유추를 AI에 맡긴다는 것은 곧 인간으로서 사고하기를 중단하겠다는 뜻이거든요. AI를 활용해 더 깊이 있게 유추하고, 유추를 확장해 가려면 우리는 여전히 알고, 표현하고, 유추하기 위해 힘써야 합니다.

한계선이 출발선으로 바뀔 때까지

염구가 말했다. "제가 선생님의 도를 좋아하지 않는 것은 아니지만, 힘이 부족합니다." 공자께서 말씀하셨다. "힘이 부족한 사람은 일단 나아가다 중도에 그만두는 것이다. 한데 자네는 한계부터 긋고 있구나!"

冉求曰, 非不說子之道, 力不足也. 子曰, 力不足者, 中道而廢, 今女畫.

ㅇ〈옹야〉편

살다 보면, 역부족이라고 느끼는 순간이 있습니다. 저 자리까지 올라가고 싶은데, 멋져 보여 도전하고 싶은데, '내가 과연 할 수 있을까?' 하는 의심이 들 때가 있습니다. 그럴 땐 어떻게 하십니까? 실패하든 성공하든 일단 부딪쳐 보십니까? 아니면 도저히 엄두가 안 난다며, 해 봤자 소용없을 거라며 포기하십니까? 공자의 제자 염구는 후자였던 모양입니다. 공자의 가르침을 배우고 따라 실천하고 싶지만 힘이 부족하여 자신이 없다고 말합니다.

그러자 공자가 염구를 꾸짖습니다. 도전하고 싶은 일이 있다면 힘이 넘치든 부족하든 일단 그 길로 나아가야지, 왜 시작조차 하지 않고 나는 할 수 없다며 한계부터 긋냐는 것입니다. 흔히 '하얗게 불태웠어'라는 말을 쓰잖아요? 목표를 이루기에 내 자질과 능력이 정말 역부족일 수도 있겠지만 그런 판단은 내가 지금 할 수 있는 모든 노력을 쏟아 내 본 뒤에야, 그야말로 '하얗게 불태운' 후에야 할 수 있다는 겁니다. 더욱이 염구의 질문은 '배움'에 관한 거잖아요. 배우려는 시도조차 하지 않고 포기한다는 게 말이 되냐는 거죠.

이러한 스승과 제자의 대화를 보고 공자가 '노력 만능론'에 빠진 게 아니냐고 생각하실 수도 있습니다. 공자 같은 위대한 성인이 어떻게 평범한 제자의 마음을 알겠냐는 분도 있을 겁니다. 하지만 공자는 그 누구보다 노력했던 사람입니다. 죽간을 엮은 가죽끈이 세 번이나 끊어질 정도로 독서에 심취한 그의 일화에서 '위편삼절韋編三絶'이란 고사성어가 탄생했죠.《중용》에서 공자는 "배우지 않을지언정 일단 배우고자 한다면, 능하지 않고서는 그만두지 말라"며 "다른 사람이 한 번에 잘하면 나는 백 번을 하며 다른 사람이 열 번에 잘하면 나는 천 번을 해야 한다"라고 당부하기도 했습니다. 공자는 이 말을 그대로 실천한 인물입니다.

우리는 보통 역사 속 위인들은 남이 따라갈 수 없는 천부적인 능력이 있었을 거라 생각합니다. 하지만 그들과 우리 사이에는 양적인 차이가 확연합니다. 스웨덴의 심리학자 앤더스 에릭슨이 편집을 맡은 《Cambridge Handbook of Expertise and Expert Performance》에 따르면 천재라 불린 사람들은 보통 사람보다 5배 정도의 시간과 노력을 쏟아부었다고 합니다. 물론 좋은 환경과 남다른 노하우, 효과적인 전략 등도 뒷받침 되었겠지만 노력의 양 역시 어마어마했다는 겁니다. 프로이트가 45년간 330편의 논문을 썼고 볼테르는 2만 1000통의 편지를 썼으며, 에디슨은 1093건의 특허권을 냈다는 데서도 이 사실을 확인할 수 있습니다. 음악사의 최고 천재로 꼽히는 모차르트도 유명한 작곡가의 음악치고 수십 번 듣고 연구하지 않은 작품은 없었다고 자신 있게 말했을 정도입니다. 이 천재들은 부지런히 배우고 꾸준히 노력하며 자신을 갈고닦은 겁니다.

무릇 한계를 넘어서려면 한계까지 자신을 밀어붙일 수 있어야 합니다. 아니 처음부터 한계를 긋지 말아야 합니다. 스스로 자신의 한계를 정해 버리고 선을 긋는 순간, 절대로 그 선 이상으로 성장하지 못합니다. 그러니 지레 겁먹지 말고 나아가십시오. 끈질기게 배우고 또 배우십시오. 가다가 정 힘이 부족하면 공자의 말처럼 주저앉으면 그만입니다. 쏟을 힘이 남아 있는 한은 끝까지 나아가 보십시오. 한계선이 출발선으로 바뀌는 놀라운 변화를 경험하실 수 있을 겁니다. 할 수 있는지 없는지는 우선 그렇게 노력한 뒤에야 판단하는 겁니다.

스승을 갖는
또 다른 방법

공자께서 말씀하셨다.
"심하구나. 나의 쇠약함이여! 오래되었도다. 내가 꿈에서 다시 주공을 뵙지 못한 것이!"

子曰, 甚矣, 吾衰也! 久矣, 吾不復夢見周公!

◦〈술이〉편

스승으로부터 배우는 법은 두 가지가 있습니다. 사사師事와 사숙私淑입니다. 사사는 스승을 만나서 직접 가르침을 받는 것을 말합니다. 궁금한 점이 있으면 바로 질문할 수 있다는 장점이 있습니다. 사숙은 직접 만날 순 없지만 '롤 모델'로 삼고 싶은 사람이 있을 때 사용하는 방법입니다. 그 사람의 행적, 저서, 작품을 통해 그의 생각과 추구하는 바를 본받는 일을 말합니다. 주체적으로 배울 수 있다는 것이 장점이죠.

공자는 이렇다 할 스승이 없었습니다. 어느 한 스승의 문하에 들어가진 않았지만 각 분야에 뛰어난 사람이 있으면 먼 길을 마다하지 않고 찾아가 배웠습니다. 전문가들을 사사한 셈이죠. 또한, 그는 주공周公을 사숙했습니다. 주공은 공자보다 550년 먼저 태어난 인물로 동아시아 문명 질서의 기틀이 된 《주례周禮》를 저술했습니다. 훌륭한 정치가이며 사심이 없고 올곧았다고 평가받는 인물입니다. 유교에서는 성인으로 추앙할 정도입니다. 공자는 이런 주공을 깊이 존경하며 그의 언행을 배우고 그의 자취를 따르고자 노력했습니다. 힘든 일이 있으면, 주공이라면 어떻게 하셨을지를 생각했죠. 그 마음이 얼마나 절실했던지 공자의 꿈에 주공이 자주 나타났다고 합니다. 앞의 구절처럼 늙어 기력이 쇠약해진 뒤에야 더는 나오지 않았다고 하죠. 물론 진짜 주공이 현몽한 것은 아닐 겁니다. 공자의 무의식이 주공으로 표현된 것이겠지만, 얼마나 닮고 싶었으면 그랬을까요.

저는 공자가 위대한 성인이 된 이유 중 하나가 바로 주공을 사숙했기 때문이라고 생각합니다. 주공을 이정표로 삼고, 주공의 정신을 닮으려고 노력했기 때문에 더욱 나은 길을 걸어갈 수 있었던 거죠. 주공과 비교하며 자신을 반성하고, 개선하고, 아이디어를 얻었기에 성장할 수 있었던 겁니다. 이러한 사숙은 동양에서, 그리고 옛날에만 이루어졌던 방식이 아닙니다. 스티브 잡스도 과학자이자 발명가인 에드윈 랜드를 사숙했는데요, 과학 기술과 인문학의 교차점에 서길 추구했던 랜

드를 본받아 애플의 경영 철학을 확립한 바 있습니다.

물론 사숙은 직접 만나 가르침을 받는 게 아니기 때문에 한계가 있을 수밖에 없습니다. 하지만 내가 배우고 본받고 싶은 사람이라면 누구나 스승으로 모실 수 있다는 장점이 있습니다. 더욱이 AI 기술이 발달하면서 사숙하기가 수월해졌습니다. 내가 사숙하고 싶은 사람의 모든 정보, 그 사람이 쓴 책과 글, 그 사람이 한 말, 그 사람과 관련한 기사들을 빠르게 분석해 제공받을 수가 있잖아요. 데이터만 충분하다면 AI에게 사숙할 대상을 학습시켜 질의응답을 할 수도 있을 겁니다. "주공이라면 이럴 때 어떻게 하셨을까?"를 '주공 AI'에게 질문하는 겁니다. 당연히 본인에게 직접 듣는 것보다는 정확한 답을 얻을 수 없겠지만, 그래도 혼자 상상하고 추측하는 것보다는 좀 더 정교한 답을 얻을 수 있을 겁니다. 자, 이렇게 AI로 사숙이 가능하다면 여러분이 사숙하고 싶은 사람은 누구입니까?

5부

그리고, 삶

: 우리가 AI 시대를 살아가는 법

이 책에서 사람, 올바름, 관계, 배움이라고 표현한 '인의예지' 외에도 《논어》에는 다양한 범주의 개념과 그에 대한 가르침이 수록되어 있습니다. 대표적인 것이 '중中'인데요, 흔히 중용中庸 혹은 중도中道라고 부릅니다. 공자는 이를 통해 지금의 상황에 알맞은 최선의 지점을 찾고, 흔들림이 없이 이를 실천하기 위해서는 마음 수양이 중요하다는 것, 더불어 꾸준한 노력과 정성이 뒷받침되어야 한다는 것을 당부하고 있습니다. 여러분에게도 익숙한 '과유불급過猶不及'이란 말이 있죠. 지나친 것은 부족한 것이나 마찬가지니 마땅히 경계하고 항상 적절한 수준을 유지하라는 공자의 가르침 역시 '중'에 관한 것입니다.

또한 《논어》는 나를 어떻게 가꿔 가야 하는지, 삶을 살아가는 데 필요한 자세가 무엇인지를 이야기합니다. 전문적인 역량을 갖추되 자기 분야밖에 모르는 사람이 되지 말고 열린 태도로 창의성을 발휘해야 한다고 가르치고, 다른 사람을 함부로 재단하고 이러쿵저러쿵 평가하길 좋아하다가 오만에 빠지지 말라고 경계합니다. 옛일을 제멋대로 해석해서 사람들을 오도하지 말라고도 당부하죠. 나이 마흔이 되면 옳고 그름을 구별할 줄 알아서 다른 사람의 원망을 사면 안 된다든가, 위기가 닥쳤을 때는 의연하게 행동하며 품격을 발휘할 수 있어야 한다는 등의 세부적인 조언도 있습니다.

이 밖에도 《논어》는 술을 예시로 들며 절제의 중요성을 이야기합니다. 절제를 습관화해야 어떠한 상황에서도 내가 흐트러지는 일을 막을 수 있다고 강조하죠. 개방성을 잃지 않으면서 미신이나 뜬소문 같은 반지성주의적인 요소들에 현혹되지 않으려면 무엇보다 비판적인 판단 역량을 갖추어야 한다고도 역설합니다. 보다 구체적이고 현실적인 조언도 있습니다. 직장에서 실수를 줄이고 인정받으려면 어떻게 행동해야 하는지를 설명하기도 합니다. 장점을 조합해 최선의 성과물을 도출하는 법은 물론, 내용과 꾸밈을 조화시키는 일의 중요성도 강조하죠. 모두 사회생활에서 꼭 필요한 것들입니다.

각기 다른 주제를 말하고 있긴 하지만 이상의 구절들은 결국 하나로 수렴합니다. 바로 우리의 '삶'입니다. 《논어》는 인의예지라는 핵심 가치 외에도 삶의 여정에서, 삶의 다양한 시기와 상황에서 우리가 곱씹을 만한 구체적인 내용들을 담고 있습니다. 우리가 어떻게 삶을 대해야 하는지, 어떤 자세로 삶을 살아가야 하는지를 이야기하고 있습니다. 이러한 가르침은 AI 시대가 도래한 오늘날에도 여전히 유효합니다. 인간의 삶을 보다 풍성하고 의미 있게 만들기 위해 AI를 어떻게 활용하고,

AI와 어떻게 협업할 것인가에 대해 생각할 거리를 제공해 줍니다. 그런데 그 가르침은 지금까지 저와 함께 보셨다시피, 절대로 거창하지 않습니다. 공자 같은 위대한 성인이나 실천할 수 있는 그런 어려운 도리가 아닙니다. 누구나 지키고 실천할 수 있는 것들입니다. 그렇기에 공자가 죽은 지 수천 년이 지난 지금도 공자의 말이 생활의 지침이 될 수 있고, 하루하루의 격려와 위로가 될 수 있습니다. 마지막으로 전해 드리는 이야기는 그에 관한 것입니다.

최적의 지점을
찾기 위한 정성

요堯임금이 말씀하셨다. "자! 그대 순舜아! 하늘의 역수曆數가 너의 몸에 있으니 진실로 '중'을 잡도록 해라. 사해가 곤궁하면 하늘이 주신 녹이 영원히 끊길 것이다."

堯曰, 咨爾舜, 天之曆數, 在爾躬, 允執其中. 四海困窮, 天祿永終.

。〈요왈堯曰〉편

이 구절은 잘 와닿지 않으시죠? 역수니, 사해니 처음 보는 단어투성이고요. 중요한 개념을 소개해야 해서 부득이 가져왔습니다. 여기에 등장하는 요와 순은 중국 고대의 전설적인 성군聖君입니다. '요순시대'가 태평성대를 뜻하는 관용어로 쓰일 정도죠. 이 요임금이 순임금에게 왕위를 물려주며 당부한 말이 바로 이 대목입니다.

내용을 잠깐 보겠습니다. "하늘의 역수가 너의 몸에 있다"라는 것은 천명이 너를 향하고 있으니 왕위를 이어받으라는 말입니다. "사해가 곤궁하면 하늘이 주신 녹이 영원히 끊길 것

5부 그리고, 삶: 우리가 AI 시대를 살아가는 법

이다"라는 대목은 백성의 삶을 제대로 보살피지 못하면 하늘의 징계를 받을 것이니 정신 차리고 열심히 노력하라는 겁니다. 그렇다면 "진실로 '중'을 잡도록 해라"는 어떤 의미일까요? 이 '중'이 바로 제가 소개하려는 개념입니다. 앞서 설명드린 것처럼 유교에서 '중용' '중도'라고도 쓰이는데요, 치우치거나 지나치거나 모자람이 없는 최적의 지점을 말합니다. 이 '최적'에는 고정된 정답이 있는 것이 아닙니다. 지금, 이 상황에 맞는 최선의 지점을 뜻합니다. 따라서 중을 찾아 실천하려면 현실에 대한 면밀한 고려가 필요하고, 상황에 대한 정확한 인식과 올바른 판단이 뒤따라야 합니다. 시의성이 핵심인 거죠.

다만 '중을 잡는다'는 것이 말처럼 쉽진 않습니다. 내 마음이 흔들리거나 오염되어 있다면 현재의 상황에서 무엇이 최선인지 발견하기 어려울 겁니다. 선택을 잘못해 놓고 '중'이라며 우길 수도 있습니다. 심지어 중용의 지점을 찾아놓고도 귀찮아서, 혹은 욕심이 나서 외면할 수도 있죠. 유교에서 수양을 강조하는 건 그래서입니다. 수양을 통해 마음을 객관화하고 올바른 인식과 판단 역량을 갖춰 놓는다면 중을 잡기가 수월할 테니까요.

더욱이 중을 잡았다고 해서 그것으로 끝이 아닙니다. 내 마음은 끊임없이 흔들리고 수시로 위협받거든요. 수양을 잠시라도 멈춘다면 나의 감정과 욕구가 언제 변질하여 내 마음을 뒤

흔들지 모릅니다. '중'을 말할 때 꼭 '성誠'이 뒤따르는 이유입니다. 정성스러워야 한다는 거죠. 그리고 이 정성은 쉼이 없어야 합니다. 멈추어서는 안 돼요. 민영규 선생이 쓰신 〈지남철〉이란 유명한 시가 있죠. 나침반의 바늘 끝이 항상 떨고 있는 이유는 북극을 찾아야 하는 자신의 사명을 잊지 않아서라고. 바늘 끝이 떨고 있는 한 그것이 가리키는 방향을 믿어도 좋다고요. 이 시를 빌려 말씀드리자면, 내가 온 정성을 다해 노력하고 있는 한 내가 '중'을 향하고 있다는 걸 믿어도 좋습니다. 하지만 내가 정성을 멈추는 순간, 나는 언제고 잘못된 방향으로 가게 될지 모릅니다.

AI 시대를 살아가고 있는 지금, 기술이 발전할수록 AI의 판단 또한 흔들리거나 오염되지 않을 테니 요즘 세상에 '중을 잡는' 일은 AI에 맡기면 되지 않느냐고 생각하실 수 있습니다. '중'이 성과나 이익이 최대화되는 지점을 의미한다면 그럴 수도 있겠죠. 하지만 '최적의 지점'이라는 것은 공동체가 지향하는 목표와 추구하는 가치를 가장 잘 실현할 수 있는 상태를 말합니다. 설령 물질적인 손해를 볼지라도요. 그러니 만약 AI를 통해 '중'을 모색하고자 한다면, 닉 보스트롬 같은 학자가 주장하는 것처럼 초기 단계부터 인간이 추구하는 가치를 AI에 학습시켜야 합니다. AI가 스스로 그 가치를 실현하는 것을 최적의 지점이라고 판단하게 해야죠. 그래야 설령 초지능이 출현하더라도 인간의 존엄을 지키며 인간을 위한 '중'을 찾아갈 수 있을 겁니다.

지나침은 부족함과 마찬가지

자공이 질문했다. "자장과 자하 중에 누가 낫습니까?" 공자께서 말씀하셨다. "자장은 지나치고, 자하는 미치지 못한다." 이 말을 들은 자공이 "그렇다면 자장이 나은 것입니까?"라고 묻자, 공자께서 답하셨다. "지나침은 미치지 못함과 같다."

子貢問, 師與商也, 孰賢? 子曰, 師也, 過, 商也, 不及. 曰, 然則師愈與? 子曰, 過猶不及.

○〈선진先進〉편

'과유불급'이란 말을 자주 들어 보셨을 겁니다. 얼핏 좀 남더라도 넉넉한 것이 모자란 것보다 낫지 않냐고 생각하겠지만, 공자는 둘 중 더 나은 것이 없다고 보았습니다. 중용, 즉 적절한 지점을 지키는 것이 좋다는 뜻이죠.

'위생'을 예로 들어 보겠습니다. 근대 이후 위생이 획기적으로 개선되면서 인간은 질병 예방과 건강 유지, 생명 연장의 측면에서 모두 큰 전환점을 맞이했습니다. 그런데 환경이 지나치게 청결하면 오히려 면역력이 떨어질 수 있습니다. 어렸을 때 흙이나 동물의 털, 꽃가루 등 알레르기 항원과 많이 접촉했던 지난 세대와, 과거에 비해 훨씬 깨끗한 환경에서 자라는 요즘 어린이들을 비교해 보십시오. 지금 세대가 알레르기성 질환에 훨씬 더 많이 걸린다는 사실은 잘 알려져 있습니다. 도시에서 자란 어린이들과 시골에서 자란 어린이들 사이에서도 차이가 확연합니다. 위생에 대한 지나침이 역설적으로 인간의 건강을 위협하는 한 요인이 되고 있습니다. 어디 이것뿐일까요? 항생제로 세균을 죽이거나 억제할 수 있지만, 남용하면 우리 몸에 반드시 필요한 유익균까지 죽이고 내성을 만들어 내죠. 오히려 건강이 나빠질 수 있습니다. 과유불급은 비단 건강에만 해당되는 이야기가 아닙니다. 어떤 영역에서건 적당하고 적절한 수준을 유지하는 일이 무엇보다 중요합니다.

술을 마시되
흔들리지 않는다

술을 마실 때는 양을 정해 놓지 않았지만, 정신이 어지러워지는 데 이르지 않았다.

唯酒無量 不及亂.

○ 〈향당鄕黨〉 편

《논어》에는 특이한 편이 하나 있습니다. 바로 〈향당〉 편인데요, 짤막한 어록과 일화로 구성된 다른 편과는 달리 〈향당〉 편은 전체가 하나로 연결되며, 공자의 식습관과 생활 습관을 소개하고 있습니다. 공자의 일상생활을 가감 없이 보여 줍니다. 위대한 성인인 공자의 습관이라고 해서 무언가 '대단한' 내용이 적혀 있을 것 같지만, 식사 때가 아니면 밥을 먹지 않았고 음식은 많이 먹지 않았다는 등의 다소 평범한 이야기가 적혀 있습니다. 당연히 지켜야 하고 그렇게 하는 것이 분명 옳지만, 막상 소홀하기 쉬운 것들이죠. "술을 마실 때는 양을 정해 놓지 않았지만, 정신이 어지러워지는 데 이르지 않았다"라는 대목도 마찬가지입니다. 이 구절도 꼭 본받아야겠다고 할 만한 내용은 못됩니다. 머리로는 이미 충분히 알고 있으니까요. 실천하지 못해서 문제지요.

한국교통안전공단에서 발표한 통계를 보면 2023년 한 해에만 1만 3042건의 음주운전 교통사고가 발생했고, 그로 인해 159명이 사망했으며 2만 628명이 다쳤다고 합니다. 10년 전 2만 4043건에 비하면 많이 감소하긴 했지만 그래도 심각한 수준입니다. 음주 운전뿐만이 아닙니다. 주폭 등 다른 주취 범죄도 여전합니다. 또한 범죄는 아니어도, 통계청이 2023년에 발표한 '사망 원인 통계'를 보면 우리 국민 중 알코올 관련 사망자 수는 4462명으로 하루 평균 12.2명이라고 합니다. 술로 인해 우리가 입고 있는 피해가 실로 막심한 겁니다.

그런데 이 문제는 만만치가 않습니다. 개인, 사회, 국가가 전방위적으로 노력하더라도 완전히 해결할 수 있을지 의문입니다. 만약 가능했다면 먼 옛날부터 지금까지 계속 술에 대해 고민하진 않았을 것입니다. 그렇다고 술 자체를 없앨 수도 없는 노릇이고요. 도대체 어떻게 해야 할까요? 먼저 '술 권하는 사회' '술에 관대한 사회' 분위기를 바꾸고, 알코올 중독 치유를 지원하고 주취 범죄에 엄격히 대응하는 등 제도적 대응이 뒤따라야 할 겁니다. 개개인의 노력도 중요한데요, 공자의 말이 우리가 일상생활에서 실천할 만한 가르침이라고 생각합니다.

자, 우선 공자가 술에 대해 양을 정해 놓지 않았다는 말은 무슨 의미일까요? 우리는 평소 자신의 주량을 잘 알고 있다고 생각하곤 합니다. 한데 주량이 만약 소주 한 병이면, 한 병을 마시는 동안에는 긴장을 풀고 있습니다. 그 정도로는 취해 흐트러질 일이 없다고 생각하기 때문입니다. 그러나 평소에는 괜찮았던 음주량인데 어떤 날은 일찍 취하는 경우가 있죠. 반대로 주량을 넘겼는데 멀쩡한 날도 있습니다. 그날의 몸 상태와 기분에 따라 취하는 시점이 달라지기 때문입니다. 음주에도 '시의時宜'가 중요한 겁니다. 또한, 소주 한 병이 주량이라도 매일같이 한 병을 마셔 대면 몸에 탈이 나고 중독으로 이어질 겁니다. 그런데도 우리는 자기 주량을 정확히 알고 있는 것처럼 굴며 별문제 없을 거라고 스스로를 합리화합니다. 따라서 공자의 말처럼 내가 마실 '술의 양'을 미리 정해 놓아서는 안 됩니다. 술을 얼마나 마실지의 기준은 '나의 평소 주량'이 아니라 '지금 나의 상태'가 돼야 합니다.

다음으로 공자가 술을 마실 때 정신이 어지러워지는 지경에 이르지 않았다는 것은, 바로 현재의 몸 상태에 맞게 음주를 제어했다는 뜻입니다. 많이 마시든 적게 마시든 취할 것 같다는 생각이 드는 순간, 흐트러질 것 같은 기미가 보이는 순간 바로 멈췄다는 것입니다. 그 순간을 놓치면 내가 술을 마시는 것이 아니라 술이 나를 마시는 상황이 됩니다. 그러니 술을 마실 때는 주량을 믿지 말고 내 정신의 변화에 주목해야 합니다. 적절한 시점에 자제하는 것을 습관으로 만들어야 합니다.

물론 말처럼 쉽지는 않습니다. 술을 마시면 기분이 좋아지죠? 알코올 성분으로 인해 중뇌에 있는 복측피개영역VTA이라는 곳에서 신경 전달 물질인 도파민Dopamine을 정상보다 많이 만들어 내기 때문이라고 합니다. 이 도파민이 쾌락을 담당하는 뇌의 측좌핵NAc으로 전달되어 우리에게 즐거움을 느끼게 하는 거죠. 그런데 쾌락을 느낄수록 측좌핵은 복측피개영역에 도파민을 더 보내 달라고 요구합니다. 쾌감을 계속 맛보고 싶으니까요. 이것이 반복되다 보면 '중독'이 되는 겁니다. 중독자는 도파민이 과도하게 분비되고 난 뒤 찾아오는 '도파민 결핍'으로 인해 평소 심한 무기력에 시달리는데요, 이를 해소하지 못하면 그저 쾌락만 좇고 다른 것에는 관심이 없는 '고장난 뇌'를 가지게 됩니다.

그렇다면 어떻게 해야 사태가 이처럼 악화하지 않도록 할 수 있을까요? 이때 필요한 것이 전두엽, 특히 전전두엽의 역할입니다. 전전두엽은 뇌의 여러 곳으로부터 정보를 얻어 어떤 행동이 나에게 이로운지 해로운지를 판단합니다. 술을 예로 든다면, 전두엽에서 길러진 이성적 사고의 바탕 위에서 해마로부터 술 마신 행동에 관한 기억을 가져오고, 편도체로부터는 음주를 통해 생겨났던 감정에 대한 정보를 취합해 종합적인 결론을 내리는 거죠. 만약 전전두엽이 음주를 해로운 행동으로 판단했다면 또 다른 신경 전달 물질인 '글루타메이트Glutamate'를 측좌핵에 보내 그 행동을 멈추라고 요구합니다. 술로 인해 생성된 도파민과 역시 술에 대해 만들어진 글루타메이트가 결전을 벌이는 겁니다. 누가 이기냐에 따라 술을 계속 마실지, 그만 마실지가 결정됩니다. 지나친 음주가 나쁜 행동이라 생각하면서도 술을 끊지 못했다면 도파민이 글루타메이트를 이겨서인 거죠.

따라서 우리는 공자의 가르침을 명심하고, 술을 마실 때 전전두엽이 제 역할을 잘 해낼 수 있도록 적절한 순간에 잘 멈추는 일을 '습관'으로 만들어 몸에 깊이 새겨 놓아야 합니다. 술을 사례로 들었지만 실은 절제가 필요한 모든 일이 마찬가지입니다. 내 정신이 흔들리는 순간을 주목하고 바로 그때 멈추는 것, 이 절제가 습관이 되어야 흐트러지는 일을 막을 수 있습니다.

우리는 쓰임이 무한한 인간이다

공자께서 말씀하셨다.
"군자는 한 가지 용도로만 쓰이는 그릇이 아니다."

子曰, 君子不器.

○ 〈위정〉 편

어느 날 공자의 제자 자공이 스승에게 질문했습니다. "저는 어떤 사람입니까?" 공자가 대답했습니다. "너는 그릇이다." 자공이 또 물었습니다. "어떤 그릇입니까?" 공자가 말합니다. "너는 호련瑚璉이다."

호련은 종묘에서 제사를 지낼 때 곡식을 담는 제기祭器입니다. 화려하면서도 귀중한 그릇이죠. 공자는 탁월한 재주를 가진 자공이 나라에 중요한 인재라는 뜻에서 이렇게 말한 겁니다. 한데 이것이 과연 칭찬이기만 할까요? 앞 글에서 공자는 '군자불기君子不器', 즉 군자는 그릇이 되어선 안 된다고 강조했습니다. 우리가 보통 그릇에 이름을 붙이고, 그에 따른 용도로만 사용하잖아요? 국그릇에는 반찬을 담지 않듯이 쓰임을 한정합니다. 군자는 이래선 안 된다는 겁니다. 한 가지로만 쓰이지 말라는 거죠. 공자가 보기에 자공은 훌륭한 그릇임에는 분명했지만, 그 틀을 벗어나지 못하고 있었습니다.

어떤 사람들은 이 말을 공자가 '스페셜리스트'가 되지 말고 '제너럴리스트'가 되어야 한다고 말한 것으로 해석하는데, 적절치 않습니다. 전문성은 당연히 쌓아야죠. 공자도 '예' 전문가잖아요. 다만 전문성을 쌓되 거기에 그쳐선 안 된다는 겁니다. 자기 분야밖에 모르는 사람이 되지 말고, 다른 분야에도 열린 태도를 가지라는 거예요. 다양한 세계를 경험하고, 적극적으로 소통하고 포용하며 창의성을 발휘하라는 거죠. 기존의 경험과 지식이 만들어 낸 틀 속에 갇히지 말라는 겁니다.

쓸모가 있는 그릇이되 그 쓰임에 자신을 가둬 놓지 말라는 공자의 가르침은 AI를 대할 때도 적용됩니다. AI의 편리함에 익숙해지고 그것이 제공하는 정보에만 의존한다면 어떻게 될까요? 인간은 AI란 그릇에 갇혀 버리고 말 겁니다. 물론 AI는 어마어마한 정보를 가지고 있고 엄청난 효율을 발휘하죠. AI를 통해 인간의 그릇은 지금보다 훨씬 더 커질 게 분명합니다. 하지만 그 안에 자신을 가둬 버린다면 AI가 만들어 내는 세상 너머는 상상하지 못합니다. AI의 생각 이상은 생각하지 못해요. 그러니 우리는 AI란 그릇을 적절히 사용하는 사람이 되어야지, 그 안에 갇혀서는 안 됩니다. 우리는 쓰임이 무한한 인간이니까요.

평가할 겨를
따윈 없다

자공이 다른 사람을 평가하자 공자께서 말씀하셨다.
"사는 현명한가 보구나! 나는 그럴 겨를이 없는데."

子貢, 方人, 子曰, 賜也, 賢乎哉! 夫我則不暇.

º〈헌문〉편

 우리는 남을 평가하길 좋아합니다. 평가는 회사의 인사 담당자나 면접관만 하는 게 아닙니다. 참 일머리가 좋다며 후배를 칭찬했다면, 계획만 잘 세울 줄 알지 실행력이 부족하다며 부하를 야단쳤다면 그게 바로 평가를 한 겁니다.
 물론 평가는 꼭 필요합니다. 상대를 파악하고 이해해야 그 사람을 어떻게 대해야 할지 알 수 있으니까요. 팀장이 팀원을 이끌어 주고, 지도교수가 대학원생을 지도하기 위해서도 객관적이고 세심한 평가가 전제되어야 합니다. 그뿐인가요? 누군가를 배우거나 반면교사로 삼으려 해도 면밀한 비교와 비판적

분석, 즉 '평가'가 필요합니다. 《논어》를 보면 공자가 제자나 당대의 인물을 평가한 기록이 많습니다. 제자들이 참고하여 깨우치는 바가 있길 바라서였습니다.

다만 평가에 편견이나 사사로운 감정이 개입되지 말아야 합니다. 정도가 지나쳐서도 안 됩니다. 남을 비판하고 평가하길 좋아하는 사람을 보세요. 자기가 상대보다 낫다는 우월감을 전제하고 있습니다. 내가 사람을 잘 알아본다며 뻐기는 마음도 있을 거고요. 그러다 오만해지는 겁니다. 자공은 국제 정치를 뒤흔들고 엄청난 재산을 축적할 정도로 똑똑한 인물이었습니다. 세상의 흐름을 읽는 능력이나 사람을 파악하는 안목이 범상치 않았죠. 이런 자공의 눈에 다른 사람들이 성에 찰 리가 없었을 테고, 그래서 그런지 다른 이의 장단점에 대한 평가를 자주 했던 것 같습니다. 공자는 자공이 그러다 자만하진 않을까 걱정했던 겁니다. 그래서 '넌 참 현명한 사람인가 봐. 난 그럴 겨를이 없는데'라고 비꼬듯 야단을 친 거죠. 자공이 잘못을 깨달을 수 있도록요.

여러분은 어떤가요? 다른 사람을 함부로 재단하고 '평가질' 하고 있진 않은가요? 혹시라도 나를 우위에 놓으며 다른 사람을 깔보고 있진 않은가요? 그럴 시간에 나를 발전시키는 게 더 이롭겠지요?

주나라에서 밤나무로
신주를 만든 이유

공자께서 듣고 말씀하셨다.
"이미 이루어진 일을 왈가왈부하지 않고, 이미 끝난 일을 바로잡지 않으며, 이미 지난 일을 추궁하지 않는다."

子聞之曰, 成事不說, 遂事不諫, 旣往不咎.

◦〈팔일〉편

    앞서 다른 사람을 함부로 평가하지 말라고 말씀드렸습니다만, 우리는 역사에 대해서도 쉽게 같은 실수를 저지릅니다. 물론 과거의 잘잘못을 객관적으로 복기하고, 오늘의 시각에서 옛일로부터 교훈을 얻는 것은 필요한 일입니다. 우리가 역사를 공부하는 이유도 여기에 있죠. 다만 정확한 지식 없이 제멋대로 해석해서는 안 됩니다. 과거의 상황과 맥락을 모르면서 함부로 현재의 잣대를 들이미는 일도 피해야 합니다. 이를 조심하지 않으면 역사는 쉽게 왜곡됩니다.

    인용문만 보면 공자가 옛일보다는 지금이 중요하다는 취지로 말한 것 같지만 실은 그게 아닙니다. 인용문 앞에 이런 대목이 있습니다. 노나라 임금 애공이 공자의 제자 재아宰我에게 토지신의 신주를 무슨 나무로 만드는지를 묻자, 재아는 하나라는 소나무, 은나라는 측백나무, 주나라는 밤나무를 사용했고 특히 주나라에서 밤나무로 신주를 만든 것은 백성을 전율戰慄케 하기 위해서라고 대답했습니다. 밤 '율栗'자와 두려워할 '율慄'자가 음이 같잖아요. 굳이 밤나무를 사용한 것은 백성들이 왕실을 두려워하게 만들기 위해서라는 겁니다.

그런데 이 해석은 재아가 제멋대로 한 겁니다. 세 나라가 각기 소나무와 측백나무, 밤나무를 신주의 재료로 삼은 것은 그 나무들이 각 나라에서 가장 잘 자라는 나무였기 때문입니다. 재아가 몰라서 그랬는지 아니면 알면서도 일부러 그랬는지 알 수는 없지만, 임금에게 틀린 정보를 알려 줌으로써 나쁜 길로 이끈 겁니다. 애공은 주나라의 제후이니, 재아의 말을 듣고 애공 또한 '백성이 나를 두려워하도록 만들어야겠다'라고 생각했을 테니까요. 그래서 공자는 비슷한 말을 세 번이나 반복해 가며 제자를 나무란 것입니다.

옛일을 제멋대로 해석하여 자기주장의 근거로 삼고 상대를 공격하는 논리로 활용하는 것은 현대 사회에서도 쉽게 찾아볼 수 있는 모습입니다. 물론, 역사란 관점에 따라 해석이 달라질 수 있습니다. 그렇더라도 사실 자체를 왜곡해서는 안 되죠. 이 점은 AI를 통해 과거의 사건을 다룰 때도 기억하고 또 주의해야 합니다. 역사 데이터를 빠르게 분석하고 기존에는 발견하지 못했던 새로운 패턴을 찾아낼 수 있다는 점에서 AI는 매우 유용한 도구이지만, 인간의 철학적 성찰과 주관적 사유를 반영해 역사적 사실을 해석하지는 못합니다. '세종대왕 맥북프로 던짐 사건' 같이 황당한 할루시네이션은 극복되었지만, 검증되지 않은 정보를 학습했을 경우 편향되거나 거짓 해석을 내놓을 위험은 여전합니다. 따라서 AI가 알려 준 정보라 할지라도 무작정 수용하지 말고 비판적으로 검토할 수 있는 역량을 갖추어야 합니다.

나를 책임져야 할 나이

공자께서 말씀하셨다.
"나이가 마흔이 되었는데도 미움을 받으면 거기서 끝난 것이다."

子曰, 年四十而見惡焉, 其終也己.

○ 〈양화〉 편

    미국의 제16대 대통령 에이브러햄 링컨은 이렇게 말했다고 합니다. 나이 마흔이 되면 사람은 자기 얼굴에 책임을 져야 한다고. 어렸을 땐 타고난 얼굴, 유전자가 만든 얼굴을 갖고 살지만 마흔쯤 되면 그 사람이 어떻게 살아왔는지, 어떤 마음가짐을 가졌는지가 얼굴에 드러납니다. 특히 서른 이후엔 안면 근육이 굳어지는데, 이 때문에 평소에 주로 어떤 표정을 지으며 살았는지가 얼굴에 드러난다고 하죠.
    공자의 말도 비슷한 맥락에서 이해하시면 됩니다. 어렸을 땐 공부나 수양이 부족해서 어리숙할 수 있습니다. 실수하고 잘못을 저지르고 타인에게 상처를 주기도 합니다. 그래서 다른 사람에게 원망을 사고 미움받는 일도 생겨납니다. 하지만 40대가 되었는데도 그래선 안 됩니다. 물론 자신을 성장시켜 나가는 일에는 끝이 없습니다. 마흔 이후에도 계속 노력해야 합니다. 다만 적어도 마흔 살을 먹었다면, 무엇이 옳고 그른지는 구별할 수 있어야 합니다. 스스로 무엇을 해야 하고 하지 말아야 하는지 정도는 알아야죠. 또 그것을 실천으로 옮길 수 있어야 하고요.

더욱이 이 나이대가 되면 얼굴 근육만 굳기 시작하는 게 아니라 뇌 또한 일정한 패턴으로 고착된다고 합니다. 이미 형성된 뉴런의 패턴 안에서 생각하고 행동한다는 거예요. 그러니 그전에 최대한 나를 바르고 온전하게 가꿔 놓아야죠. 마흔이 되었는데 "저 나이 먹도록 사람이 왜 저 모양이야?"라는 말을 듣는다면, 안타깝지만 그 사람은 구제하기 어렵다는 것이 공자의 경고입니다.

참모습은 어려울 때 드러난다

공자께서 말씀하셨다.
"날씨가 추워진 뒤에야 소나무와 측백나무가 늦게 시드는 것을 알 수 있다."

子曰, 歲寒然後, 知松柏之後彫也.

。〈자한〉편

여름에는 모든 초목이 무성합니다. 그러다 가을을 지나 겨울이 되면 대부분 앙상한 가지만 내보이죠. 매서운 겨울바람 속에서도 푸르름을 잃지 않는 나무는 소나무와 측백나무입니다. 사람도 그렇습니다. 평화롭고 부유한 시절에는 사람의 참모습을 가려내기가 쉽지 않습니다. 모두가 여유롭거든요. 위기가 닥치고 시련을 겪어야 밑천이 드러나고 진면목이 보입니다. 난세가 와야 비로소 충신과 간신이 구별됐던 것처럼 말이죠.

군 복무 중 있었던 일입니다. 완전군장을 메고 행군하는데 중간쯤 지나 산을 오르다 동료 병사 하나가 발을 헛딛어 미끄

러졌습니다. 산이라 구급차도 없고, 누군가 도와줘야 하는 상황이었습니다. 지칠 대로 지친 데다가 아직 산도 더 타야 하니 선뜻 나서는 사람이 없었습니다. 특히 평소 자신의 체력을 자랑하고 희생정신을 그렇게 강조하던 선임 병사는 자기는 상관없는 일이라는 듯 외면하고 있었습니다. 다들 눈치만 보고 있을 때, 차갑고 과묵한 성격의 병사 하나가 다친 병사의 군장을 한쪽 어깨에 메는 것이었습니다. 자기 군장까지 합치면 70킬로그램이 넘는 무게를 짊어지고 그는 묵묵히 산을 올랐습니다.

힘이 들지 않을 때, 내 이익이 침해받지 않을 때는 얼마든지 멋진 말을 하고 올바르게 행동할 수 있습니다. 다른 사람도 어렵지 않게 도울 수 있습니다. 그런데요, 이것이 과연 그 사람의 참모습일까요? 이런 태도가 본인이 힘들고 어려울 때도 유지될 수 있을까요? 확신할 수 없습니다. 그 사람이 어려운 상황에 놓였을 때 어떻게 행동하는지를 봐야 합니다. 위기 앞에서도 흔들리지 않는 의연함을 발휘하는지, 고난 속에서도 신념을 꺾지 않는지, 희생을 감수하고서라도 불의와 싸우는지, 힘든 상황에서도 이타심을 발휘하는지가 그 사람의 본래 모습을 보여 줍니다.

이는 다른 사람을 살필 때뿐만 아니라 스스로를 돌아볼 때도 도움이 됩니다. 편안할 때의 나와 어려울 때의 내가 다르진 않은지, 어려움이 닥치면 쉽게 소신을 꺾고 비겁하게 행동하진 않는지, 자신의 본모습을 깊게 성찰하고자 할 때 이 구절을 되새겨 보기를 권합니다.

설명할 수 없는 일에 관심 두지 않는다

공자께서는 괴이한 것과 엄청난 힘과 세상을 어지럽히는 일과 귀신에 관한 일에 대해 말씀하지 않으셨다.

子, 不語怪力亂神.

○ 〈술이〉 편

세상에는 말로 설명할 수 없는 것들이 있습니다. 분명 우리 주위에서 일어나는 현상이지만 과학적으로 근거를 대기 어려운 일들이 있죠. 우연의 산물일 수도 있고, 아직 우리가 패턴을 찾아내지 못했기 때문일 수도 있습니다. 그런데 우리의 뇌는 어떻게든 이것을 설명하려 듭니다. 논리적인 분석이 불가능하다면 직관에 기대서라도 말이죠. 인간이 초자연적인 세계와 초현실적인 존재를 상정하고, 미신이나 징크스를 믿는 이유입니다. 불확실성도 영향을 주는데요, 앞날을 알지 못하는 불안함과 동시에 미래를 통제하고 싶은 욕망이 점성술, 무당, 풍수

지리, 점占 등에 빠지도록 만듭니다.

　공자가 살던 시대는 아마 더 심했을 겁니다. 과학 기술이 발전하면서 지금은 밝혀졌지만, 그때만 해도 의미와 원리를 알 수 없었던 자연 현상이나 법칙들이 많았을 테니까요. 일식이나 월식처럼요. 그래서 국가 차원에서 점을 지내고 귀신에게 제사를 지낸 겁니다. 천문을 읽는 일관日官을 공식적인 관제에 포함하기도 했죠. 하지만 공자는 이런 비합리적인 요소를 수용하지 않았습니다. 공자는 평소 '괴력난신怪力亂神', 즉 '괴이한 것과 엄청난 힘과 세상을 어지럽히는 일과 귀신에 관한 일'에 대해선 언급하지 않았다고 합니다. 인간의 이성으로 설명할 수 없는 일에는 관심을 두지 않았다는 거죠.

　여기서 주목할 부분이 있습니다. 공자가 괴력난신은 없다고 '부정'한 게 아니라 '말하지 않았다'라는 점입니다. 그런 일은 절대로 일어날 수 없다거나, 그런 건 존재하지 않는다고 쉽게 단언하지 않은 겁니다. 이성으로 설명할 수 없는 것을 의심하되 그에 대해 말하지 않음으로써, 존재할 가능성 자체를 부인하진 않은 것이죠. 왜일까요? 새로운 것은 늘 낯설기 마련입니다. 기존의 사유로는 이해하지 못하기 때문에 괴이하고 혼란스럽게 느껴질 수 있습니다. 그러니 공자는 새로움을 발견할 가능성마저 차단하진 않은 겁니다. 다만 비합리적이고 반지성주의적 요소들에 현혹되지 않도록 조심해야 한다는 거죠.

가짜 뉴스를
대하는 자세

공자께서 말씀하셨다.
"길에서 듣고 길에서 말하면 덕을 버리게 된다."

子曰, 道聽而塗說, 德之棄也.

○ 〈양화〉 편

　사람들이 메신저나 SNS로 공유하는 글 중에 종종 '가짜 뉴스'가 눈에 띕니다. 예전에는 얼핏 봐도 말이 안 되는 황당한 것들이었지만, 요즘엔 진짜인 '척'하는 뉴스가 많아졌습니다. 이들 가짜 뉴스는 사실과 허구를 뒤섞고, 사실을 교묘하게 짜깁기해서 사람들을 현혹합니다. 구체적인 사례와 출처, 수치와 통계를 제시하고 유명한 방송국이나 전문가의 이름을 갖다 붙여서 '정말 그런가보다' 하는 착각을 불러일으키죠. 여기에 AI가 발전하면서 정교한 거짓 뉴스 영상까지 만들어지고 있습니다. 이른바 '딥페이크'라고 불리는데요, '생성적 적대 신경망

GAN, Generative Adversarial Network' 기술을 활용하여 실제로는 존재하지 않는 영상을 만들어 냅니다. 여기서 GAN이란 가짜 데이터를 생성하는 제너레이터Generator와 이 데이터가 진짜인지 가짜인지를 판별하는 디스크리미네이터Discriminator를 경쟁시켜 완성도를 높여 가는 방식인데요. 시간과 노력을 충분히 투입한다면 이제 진짜와 가짜를 구별하기 힘든 수준에까지 와 있습니다.

그렇다면 우리는 이러한 가짜 뉴스에 어떻게 대응해야 할까요? 가짜 뉴스의 생성과 유포도 '표현의 자유'에 속하니 그냥 놔둬야 할까요? 가짜 뉴스를 방치하면 신뢰가 무너지며 큰 사회적 혼란을 초래하게 됩니다. 사회적 에너지가 불필요하게 낭비되는 거죠. 따라서 관련 법과 제도를 정비하고 저널리즘 윤리를 지금 상황에 맞도록 구체적으로 재정립해 가짜 뉴스를 근절해야 합니다. 특히 AI를 통해 허위로 조작된 정보를 유통하는 행위를 강력히 규제할 필요가 있다고 생각합니다. 정보를 소비하는 입장인 우리의 노력도 중요한데요. 뉴스의 내용을 비판적으로 분석하고 정보의 참·거짓 여부를 스스로 판단할 수 있어야 합니다. 그러지 않고 '길거리', 즉 아무 데나 떠도는 뉴스를 그 진위 여부조차 모른 채 이 사람 저 사람에게 퍼트리게 되면 나 또한 사회가 어지러워지는 데 일조하는 셈입니다. 공자가 "길에서 듣고 길에서 말하면 덕을 버리게 된다"라고 말한 것은 그래서입니다.

직장 생활의 지혜

자장이 녹봉을 구하는 방법에 관해 질문하자 공자께서 말씀하셨다. "많이 듣고서 의심이 나는 것을 빼놓고 그 나머지를 신중하게 말하면 허물이 적을 것이요, 많이 보고서 위태로운 것을 빼놓고 그 나머지를 조심스럽게 행하면 후회할 일이 적을 것이니, 말에 허물이 적고 행실에 후회할 일이 적으면 녹봉은 그 가운데에 있을 것일세."

子張, 學干祿. 子曰, 多聞闕疑, 愼言其餘, 則寡尤. 多見闕殆, 愼行其餘, 則寡悔. 言寡尤, 行寡悔, 祿在其中矣.

º〈위정〉편

    이 대목은 해석이 엇갈립니다. 여기서 녹봉이란 관리가 받는 봉급을 말합니다. 즉, 제자 자장은 벼슬을 얻는 방법을 질문한 것입니다. 이에 대해 공자가 자장의 부족한 점을 일깨워 준 것이라는 견해가 있습니다. 자장은 말과 행동을 섣부르게 하다가 실수가 잦았기 때문에 언행에 신중하라고 당부했다는 겁니다. 그러면 자연스레 능력을 인정받아 관직을 얻을 수 있다는 거죠. 이와 달리 공자의 자조적인 발언이라는 해석도 있습니다. 일찍이 공자는 관직에 있을 때 의심나는 일이 있거나 위태로워 보이는 일이 있으면 주저 없이 나서서 지적하고 바른 말을 하다가 고초를 겪었습니다. 그러니 나처럼만 하지 않으면 무탈하게 관직 생활을 할 수 있다는 뜻에서 저렇게 말했다는 거죠. 의심스럽거나 위태로운 일에는 발을 들여놓지 말라는 겁니다.

어느 해석이 맞는지는 잘 모르겠습니다. 다만 문장만 놓고 보면 직장인에게 도움이 되는 현실적인 조언임에는 분명합니다. 여러분이 업무를 하다가 이해되지 않는 부분이 있다고 합시다. 상사의 지시에 의심 가는 부분이 있다면, 여러분은 어떻게 행동하시겠습니까? 질문하든 공부하든 내용을 분명하게 파악한 후에 움직여야겠죠. 그러지 않고 잘 알지도 못하는 일을 무작정 진행하다 보면 잘못할 확률이 높습니다. 위태로운 일도 마찬가지입니다. 그 일에 대해 충분히 파악하지 못한 상황에서, 준비가 철저하지 않은 상황에서 위험한 일에 뛰어들면 어떻게 될까요? 이내 자신의 무모함을 자책하며 후회하고 말 겁니다.

공자가 '궐闕', 즉 빼놓으라는 표현을 사용했지만 이는 의심스럽거나 위태로운 일은 처음부터 하지 말라는 뜻이 아닙니다. 공자가 많이 듣고, 많이 보라고 했잖아요. 적극적으로 업무를 배우고 다양하게 경험해서 의심을 해소하고 위태로움에 대비해야죠. 그래도 해결되지 않은 일은 함부로 추진하지 말고 나머지 일들도 조심하고 신중하게 처리하라는 겁니다. 이걸 잘하는 사람은 자연히 신중하고 철저하다는 인상을 심어 주게 될 겁니다. 하는 일도 성공시킬 거고요. 반면에 상사에게 인정받고 싶어서, 자기 능력을 뽐내고 싶어서, 혹은 조바심이 나서 성급하게 말하고 행동하는 사람은 그 일을 잘할 턱이 없죠. 본인에게 도움이 안 될 뿐 아니라, 조직에도 피해를 줍니다. 직장생활할 때 꼭 명심해야 할 가르침입니다.

사람과의 협업, AI와의 협업

공자께서 말씀하셨다. "정나라에서 외교 문서를 작성하면 비침이 초안을 작성하고, 세숙이 이를 검토하고, 행인 자우가 첨삭하고, 동리 자산이 윤색하여 마무리했다."

子曰, 爲命, 裨諶草創之, 世叔討論之, 行人子羽修飾之, 東里子産, 潤色之.

∘ 〈헌문〉 편

중국 춘추시대에 존재했던 정鄭나라는 약소국입니다. 강대국에 둘러싸여 기를 펴지 못했습니다. 예외가 있었다면 자산子産이라는 위대한 정치가가 국정을 맡았던 시기였습니다. 자산은 대대적인 개혁을 통해 내부를 정비했고, 탁월한 외교력을 발휘하여 정나라의 위상을 높였습니다. 한데 이 모든 일을 자산 혼자서 한 것이 아닙니다. 그는 정나라의 인재들을 적재적소에 배치하여 장점을 발휘하게 했습니다. 인적 자원의 역량을 극대화함으로써 약소국의 한계를 극복한 것입니다.

대표적인 사례가 외교 분야였습니다. 정나라의 외교 문서는 빈틈없기로 유명했는데요, 담당자 혼자서 작성한 것이 아니라 신하 네 사람의 합작품이었다고 합니다. 계획을 잘 세우고 구조를 잘 짜는 비침이 초고를 작성하고, 문장이 뛰어난 세숙이 이를 검토하여 고쳤으며, 현장 외교 경험이 많은 자우가 첨삭을 맡았습니다. 그리고 자산이 윤색하여 마무리했다는 겁니다. '기획-검토-수정 및 보완-완성'이라는 업무 프로세스의 정석을 보여 주는 것이죠. 네 사람의 장점이 효과적으로 조합되었다는 점에도 주목할 필요가 있습니다.

어떤 일이든 처음부터 끝까지 혼자 다 하기보다는 여러 사람의 힘과 지혜를 모아 협업하는 것이 좋습니다. 새로운 아이디어와 다양한 시각을 얻을 수 있을 뿐만 아니라 내 몫의 업무량이 줄어들고 부족한 부분도 보완할 수 있죠. 한데 협업이 성공하려면 각자 가진 장점이 모여 시너지가 나야 합니다. 만약에 외교 현장에 대해서는 잘 알고 있지만 기획력이 부족한 자우가 초안을 작성한다고 생각해 보세요. 비침과 세숙이 강점을 발휘할 수 있는 역할을 부여받지 못했다면 어땠을까요? 일을 망칠 정도는 아니었겠지만 다른 나라에서 감탄해 마지않았던 성과물은 나오지 못했을 겁니다. 빈틈이 보였을 거예요.

이처럼 장점에 맞게 업무를 분배하고 효과적으로 조합하는 것은 오늘날 우리가 AI와 협업할 때도 실천해야 할 부분이라고 생각합니다. AI를 통해 업무 효율과 생산성을 높이고 혁신을 가져올 수 있는데도 이를 활용하지 않는 것은 이제 어리석은 일이 되었습니다. 반대로 모든 것을 AI에 맡기고 아무 일도 하지 않는다면, 인간으로서의 주체성을 잃어버리고 말 겁니다. 따라서 AI에 방향성을 제시한다든지, 계속 질문하여 더 나은 대답을 끌어낸다든지, 할루시네이션을 바로잡는다든지 하여 사람이 할 수 있는 일을 해야 합니다. AI가 내놓은 결과물을 첨삭하고, 재구성하는 일도 인간의 역할일 것입니다. 문단을 나누고, 문장이나 단어의 배치를 바꾸고, 어미나 조사를 고치고, 새로운 표현을 추가하는 것만으로도 글이 확 달라지곤 하잖아요. 이 '편집 능력'이 인간의 장점일 수 있는 거죠. 인용문을 가지고 비유하자면, 외교 문서의 초안을 작성하고 검토하는 것은 AI가 하고 첨삭과 윤색, 즉 편집을 통해 최종 마무리하는 것을 인간이 하면 되는 겁니다.

내용과 꾸밈의 조화

공자께서 말씀하셨다. "내용이 꾸밈을 이기면 촌스럽고 꾸밈이 내용을 이기면 겉치레로 흐를 뿐이니, 내용과 꾸밈이 조화를 이룬 뒤에야 군자라 할 수 있다."

子曰, 質勝文則野, 文勝質則史, 文質彬彬, 然後君子.

○ 〈옹야〉편

여기 두 개의 제품이 있습니다. 한 제품은 포장이 화려하지만 내용물이 부실합니다. 다른 한 제품은 내용물은 좋지만 지저분한 비닐로 대충 포장되어 있습니다. 여러분은 어떤 제품을 고르실 건가요? 아마 둘 다 선뜻 손이 가지 않을 겁니다. 꼭 사야 할 이유가 없다면 둘 다 외면할 확률이 높습니다.

학생들의 시험 답안지를 채점하다 보면 꼭 생기는 일이 있습니다. 글씨가 알아볼 수 없을 정도의 악필이어서 한 글자 한 글자 '해독'하며 읽어야 하는 답안지가 있어요. 이런 답안지는 내용이 훌륭하더라도 좋은 인상을 받기 힘듭니다. 글의 흐름을 따라 술술 읽어 내려갈 수 있어야 장점이 눈에 들어오는데 한 단어마다, 한 문장마다 호흡이 끊어지니 내용이 잘 전달되지 않거든요. 반면에 반듯하고 예쁜 필체로 쓰인 답안지도 있습니다. 이런 답안지는 저도 모르게 내용도 괜찮을 거라 기대하게 됩니다. 한데 그 기대가 충족되지 않으면 실망이 크죠. 같은 내용을 평범한 글씨로 썼을 때보다 훨씬 더요. 비단 글씨뿐이 아니에요. 정확한 문법, 적절한 어휘, 유려한 문장, 깔끔한 문단 구성 같은 '꾸밈'이 부족하면 좋은 내용이라도 투박해 보입니다. 반대로 꾸밈만 현란하고 내용이 따라오지 못하면 겉만 뻔지르르하다는 인상을 줍니다. 물론 내용을 충실히 하는 데만 집중해서 글의 완성도를 높일 수 있다면 좋겠지만, 그게 쉽지 않은 일이니 꾸밈 역시 중요하다는 겁니다. 제품 개발자들이 왜 그토록 디자인에 신경을 쓰겠어요.

이 점은 사람에게도 적용됩니다. 내면과 외면이 조화를 이뤄야 합니다. 본바탕은 착한데 예의가 없는 사람, 머리가 뛰어나지만 공부가 부족한 사람, 얼굴은 잘생겼는데 성격이 나쁜 사람, 말은 현란한데 실제가 뒷받침되지 못하는 사람, 이런 사람을 마음에 든다며 내 곁에 두진 않을 겁니다. 내면과 외면, 내용과 꾸밈이 조화를 이뤄야 어디서든 환영받는 사람이 될 수 있습니다.